FUTEVÔLEI
COMPREENDER PARA JOGAR (MELHOR)

Editora Appris Ltda.
1.ª Edição - Copyright© 2021 dos autores
Direitos de Edição Reservados à Editora Appris Ltda.

Nenhuma parte desta obra poderá ser utilizada indevidamente, sem estar de acordo com a Lei nº 9.610/98. Se incorreções forem encontradas, serão de exclusiva responsabilidade de seus organizadores. Foi realizado o Depósito Legal na Fundação Biblioteca Nacional, de acordo com as Leis nos 10.994, de 14/12/2004, e 12.192, de 14/01/2010.

Catalogação na Fonte
Elaborado por: Josefina A. S. Guedes
Bibliotecária CRB 9/870

C387f
2021
	Cecconi, Eduardo
	    Futevôlei : compreender para jogar (melhor) / Eduardo Cecconi
	. - 1. ed. - Curitiba : Appris, 2021.
	    111 p. ; 23 cm. – (Artêra).
	
	    Inclui bibliografia.
	    ISBN 978-65-250-0129-6
	
	    1. Futevôlei. 2. Educação física. I. Título. II. Série.
	
	                                                    CDD –796.334

Livro de acordo com a normalização técnica da ABNT

Appris *editora*

Editora e Livraria Appris Ltda.
Av. Manoel Ribas, 2265 – Mercês
Curitiba/PR – CEP: 80810-002
Tel. (41) 3156 - 4731
www.editoraappris.com.br

Printed in Brazil
Impresso no Brasil

Eduardo Cecconi

FUTEVÔLEI
COMPREENDER PARA JOGAR (MELHOR)

FICHA TÉCNICA

EDITORIAL	Augusto V. de A. Coelho
	Marli Caetano
	Sara C. de Andrade Coelho
COMITÊ EDITORIAL	Andréa Barbosa Gouveia (UFPR)
	Jacques de Lima Ferreira (UP)
	Marilda Aparecida Behrens (PUCPR)
	Ana El Achkar (UNIVERSO/RJ)
	Conrado Moreira Mendes (PUC-MG)
	Eliete Correia dos Santos (UEPB)
	Fabiano Santos (UERJ/IESP)
	Francinete Fernandes de Sousa (UEPB)
	Francisco Carlos Duarte (PUCPR)
	Francisco de Assis (Fiam-Faam, SP, Brasil)
	Juliana Reichert Assunção Tonelli (UEL)
	Maria Aparecida Barbosa (USP)
	Maria Helena Zamora (PUC-Rio)
	Maria Margarida de Andrade (Umack)
	Roque Ismael da Costa Güllich (UFFS)
	Toni Reis (UFPR)
	Valdomiro de Oliveira (UFPR)
	Valério Brusamolin (IFPR)
ASSESSORIA EDITORIAL	Cibele Bastos
REVISÃO	Luana Íria Tucunduva
PRODUÇÃO EDITORIAL	Jhonny Reis
DIAGRAMAÇÃO	Andrezza Libel
CAPA	Daniela Baumguertner
COMUNICAÇÃO	Carlos Eduardo Pereira
	Débora Nazário
	Kananda Ferreira
	Karla Pipolo Olegário
LIVRARIAS E EVENTOS	Estevão Misael
GERÊNCIA DE FINANÇAS	Selma Maria Fernandes do Valle
COORDENADORA COMERCIAL	Silvana Vicente

O que eu ouço, eu esqueço; o que eu vejo, eu lembro; o que eu faço, eu entendo

(Confúcio, filósofo e pensador chinês)

PREFÁCIO

O futevôlei é um esporte em crescimento mundial devido ao número de participantes e adeptos. Porém, ainda não se tem dados estatísticos que comprovem esse crescimento. Mas, com certeza, podemos dimensionar que o futevôlei é um dos esportes mais praticados na atualidade pela sua ampla acessibilidade, pois tendo à mão uma rede e uma bola, é facilmente organizado desde as praias – considerada a modalidade do verão brasileiro – até em pequenos espaços e locais fechados. A característica básica dessa modalidade é o jogar com os pés, peito, pernas, e cabeça sem o uso das mãos, em todo e qualquer espaço possível de adaptações. Isso o torna atrativo e apreciado desde crianças até homens e mulheres de diversas faixas etárias e classes sociais variadas.

Os jogadores têm por objetivo enviar a bola por cima da rede usando toques com os pés, coxas, peito, cabeça e ombros. Pode ser disputado com um número mínimo de 2x2 ou em 3x3 e 4x4, além das variações "redinha", "altinha", entre outros, o que amplifica ainda mais o número de interessados. Entretanto, para o jogo oficial só existe a opção de 2x2. O futevôlei, quando comparado com os outros esportes coletivos de rede, difere-se por utilizar bolas específicas e por ser disputados em sets com 18 pontos sem vantagem.

Sua semelhança está em não possuir contato físico entre os adversários. Na ausência das bolas específicas, podem ser utilizadas bolas de futebol, voleibol ou bolas de borracha que possibilitem a prática. Além dessas adaptações, há outras vantagens, por se caracterizar como um treinamento de força e aeróbico fora das academias.

Entre as diversas particularidades, estão o espírito de coletividade, a dinâmica e a complexidade, que exigem tomadas de decisões não só em jogadas isoladas, mas também nas variações de movimento que surgem durante a partida, e leva as pessoas a se apaixonarem e se encantarem por esse esporte. Os praticantes trabalham para melhorar cada vez mais a execução dos seus movimentos, o que torna fundamental o treinamento físico composto por exercícios específicos da modalidade, que levem em consideração as características biológicas de cada praticante.

A diferença entre os já iniciados e aqueles que não praticam se percebe quando, ao observar uma partida de futevôlei, os leigos muitas vezes interpretam como um esporte fácil. Por exemplo: "essa bola estava fácil", "era só ter corrido mais". Isso acontece quando se assiste ao jogo sem um critério crítico.

A essência para quem quer levar o futevôlei além de um esporte de diversão é o trabalho com determinação, associado ao talento. Essa conjunção pode levar à excelência, ao sucesso no esporte. Tudo com muito esforço, disciplina, perseverança e obstinação, características que são marcantes na minha trajetória como atleta e professor.

Todos esses aspectos foram abordados pelo autor, em uma obra que resulta das suas observações como analista de desempenho e como aluno.

Marcelo de Freitas Lima – "Titi"

Bicampeão mundial de Futevôlei
Professor do Team Villeroy Futevôlei

APRESENTAÇÃO

Meu primeiro encontro com o futevôlei foi tardio. Então com 37 anos, traumatizado por uma cirurgia para corrigir o rompimento do ligamento cruzado anterior do joelho direito ocorrido durante partida de futebol 7 na grama sintética, estava há quase uma década sedentário. Para piorar, recém--descobrira uma combinação de coluna lombar retificada com protrusão discal (popularmente conhecida por "bico de papagaio") entre as vértebras L1 e L2, provocando grande desconforto e inviabilizando muitas práticas esportivas.

Foi então que um amigo sugeriu visitarmos uma escola de futevôlei para conhecermos a modalidade. Ele, também vitimado pela mesma lesão de joelho, argumentava que a areia era o piso mais adequado para realizarmos uma atividade física sem impacto. No fim, ele desistiu e fui sozinho. Era janeiro de 2017.

O desafio físico para me adaptar, no início, foi imenso. Joelho frouxo, coluna inflexível, idade avançada na comparação com muitos dos iniciados ainda adolescentes, e nenhuma resistência após anos sem correr nem para pegar ônibus. Como driblar essas dificuldades e não desistir? Usando a cabeça. Não apenas para atacar, mas para pensar.

Analista de desempenho, acostumado a observar jogos de futebol sob o viés de princípios e padrões de comportamento, passei a estudar a dinâmica funcional e a estrutura da modalidade. E descobri um latifúndio de possibilidades inexploradas, em um esporte muito praticado, mas pouco observado pela lupa acadêmica.

Três anos depois, o resultado das pesquisas – baseadas principalmente na metodologia observacional e na teoria dos jogos esportivos coletivos, em especial vôlei e futebol – está nas páginas a seguir. O foco do livro é apresentar a metodologia de análise desenvolvida especificamente para o futevôlei, ilustrada pelos dados coletados em quase cem sets/jogos, compartilhando com o leitor o protocolo de *scout*, os indicadores de performance e as conclusões encontradas.

Antes, entretanto, é necessário começar pelos conceitos que fundamentam este estudo, a teoria que alicerça a proposta metodológica voltada à análise. A intenção é proporcionar aos leitores a mesma experiência vivenciada por mim: compreender o jogo, para jogar melhor.

SUMÁRIO

1
BOLA PARA O ALTO.. 13

2
ESTRUTURA E DINÂMICA.. 17

3
ESPAÇO... 23

4
TEMPO.. 31

5
TAREFA... 35

6
JOGADOR.. 39

7
DESEMPENHO... 41

8
GESTO TÉCNICO.. 43

9
SAQUE.. 53

10
RECEPÇÃO... 55

11
LEVANTADA.. 57

12
ATAQUE 59

13
DEFESA 63

14
EXIGÊNCIAS FÍSICAS 65

15
COMPETÊNCIAS PSICOLÓGICAS 69

16
TÁTICA E ESTRATÉGIA 73

17
ANÁLISE E *SCOUT* 89

18
BOLA PARA A FRENTE 107

REFERÊNCIAS 109

BOLA PARA O ALTO

Virou hashtag comum nas redes sociais o termo "bola pro alto" em fotos de futevôlei. Mais do que simplesmente agrupar as publicações e ajudar os algoritmos a encontrar a imagem, ela serve de mantra aos praticantes de um esporte que pode ser considerado o mais brasileiro entre todos aqueles jogados com os pés.

A dinâmica do futevôlei requer o desenvolvimento de habilidades e capacidades motoras complexas, sob grande intensidade, para que os jogadores atendam a essa demanda: manter a bola no alto. É fácil, assistindo de fora, admirar os gestos e movimentos utilizados para resolver as emergências do jogo... acalmar a bola viva, regular a altura e a direção, até matar o ponto.

O brilho técnico e a visão aplicados nas fintas de pescoço na rede são malícia pura. Quem faz se diverte; quem sofre tenta o troco. Mesmo nas competições profissionais, com todas as exigências físicas e táticas, o futevôlei mantém os traços de brincadeira e de malandragem que fundamentam suas raízes.

Em uma busca rápida no Google, encontram-se pelo menos duas fontes atribuindo à mesma história e aos mesmos personagens o surgimento do futevôlei. Tanto o site futevolei.com.br[1] como a página em português sobre o esporte na Wikipedia[2] dizem que a primeira bola para o alto foi motivada por uma proibição.

Consta que, em 1965, não era permitido praticar esportes com bola sem rede e fora de uma área delimitada nas praias do Rio de Janeiro. Impedidos de disputar peladas ou até mesmo trocar passes, um grupo de amigos improvisou para resolver o problema.

Liderados pelo ex-jogador do Botafogo, Octávio de Moraes (o "Tatá"), ocuparam as quadras de vôlei, o que estava liberado. Mas, com a

---

[1] FUTEVÔLEI.COM.BR (Brasil). *História do Futevôlei*. Rio de Janeiro, 2002. Disponível em: http://futevolei.com. br/Historia.html. Acesso em: 20 out. 2020.

[2] WIKIPÉDIA (Portugal). *Futevôlei*. Portugal, 2006. Disponível em https://pt.wikipedia.org/wiki/Futev%C3%-B4lei. Acesso em: 20 out. 2020.

bola de futebol, usaram os pés para contornar a rede. Divididos em times, criavam o futevôlei.

Ainda ligado ao cenário boleiro da época, Tatá e os demais pioneiros atraíram ao experimento, com o passar dos dias, mais jogadores e ex-jogadores de futebol, o que talvez tenha impulsionado o desenvolvimento das técnicas para executar habilmente no ar sequências que até então aconteciam rente ao gramado nos estádios.

Feito o recorte histórico, fica evidente – está no próprio nome – que futebol e vôlei são os ingredientes principais deste estudo, as referências para entendermos o futevôlei. Observar um esporte com o objetivo de compreender como ele funciona é essencial à prática, principalmente quando envolve competição em alto nível. O jogador precisa analisar o contexto das interações com o companheiro e com os adversários para tomar a melhor decisão e executar a ação corretamente, a cada fração de segundos.

Futebol, vôlei e futevôlei são, inclusive, integrantes da família dos Jogos Esportivos Coletivos (JECs), conforme o professor Alcides Scaglia (da Universidade Estadual de Campinas) explicou com grande propriedade em suas produções acadêmicas e livros.

Os JECs têm estruturas sistêmicas e padrões organizacionais semelhantes (há regras, espaço delimitado, jogadores e inserção em um ambiente), entretanto, diferem-se em características específicas. Todos exigem alguma habilidade para resolver as situações que brotam do caos e da incerteza, afinal, não podemos prever exatamente o que vai acontecer depois de cada ação.

A bola vai e vem, toma trajetórias diferentes, gira ao redor do próprio eixo, faz curvas sinuosas. Por vezes, pesa uma tonelada e parece estar em chamas, noutras, simplesmente despenca sem peso como uma pena.

Neste quadro, adaptado de Scaglia[3], vemos os principais integrantes da família de JECs. Consideremos também as variações em outros terrenos, como o *Beach Soccer* está para o Futebol, ou o *Beach Hand* para o Handebol, mesmo que sem mencioná-los (Quadro 1):

---

[3] SCAGLIA, Alcides José. Pedagogia do Jogo: O processo organizacional dos Jogos Esportivos Coletivos enquanto modelo metodológico para o ensino. *Revista Portuguesa de Ciências do Desporto*, Portugal, v. S1A, p. 27-38, 2017.

Quadro 1 – Família dos Jogos Esportivos Coletivos (JECs)

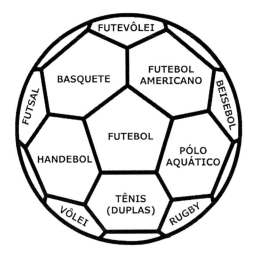

Fonte: adaptado de Scaglia (2017)

Ele vai ainda mais além, excluindo os que usam as mãos ou instrumentos (raquete, taco etc.) para reunir apenas a Família dos Jogos de Bola com os Pés[4] – mesmo que sejam brincadeiras. Futebol, futsal, futevôlei e *beach soccer* estão nessa, ao lado de rebatida, bobinho, três dentro três fora, 1 toque, cada um por si... inúmeros jogos que praticamos desde crianças, não importa o nome que recebam em cada região do país. Podemos incluir ainda nessa lista a altinha (claro) e o futmesa, dois filhos das quadras de futevôlei.

Aqui, entretanto, será mantida a primeira ideia concebida por Scaglia[5] – a dos JECs –, porque não podemos excluir o vôlei da catalogação de comportamentos do nosso objeto de análise (é a separação das equipes pela rede que se configura no maior regulador dos processos do jogo). Além de integrante da mesma família, ele emprestou a delimitação do espaço e muitas das regras. Com farta produção de estudos a seu respeito, o vôlei será a maior referência teórica deste livro.

Do futebol também foram importados, adaptados e extrapolados conceitos, principalmente na construção da metodologia de análise, área de conhecimento sobre a qual também há muita bibliografia e pesquisas,

---
[4] SCAGLIA, Alcides José. *O futebol e os jogos/brincadeiras de bola com os pés*: todos semelhantes, todos diferentes. 2003. Tese (Doutorado em Educação Física) – Universidade Estadual de Campinas, 2003.
[5] SCAGLIA, 2017.

em especial impulsionadas pela Universidade do Porto, em Portugal, há algumas décadas.

Embora não tenha sido escrito nesse ambiente, farta produção acadêmica alimenta as páginas a seguir. Já foi citado o professor Alcides Scaglia, autor do livro *Futebol e as Brincadeiras de Bola*, e também serão vistos com alguma frequência nomes como Isabel Maria Ribeiro Mesquita da Silva, Miguel Ángel Monge Muñoz (grandes referências do vôlei) e Júlio Garganta (expoente mundial de temas como JECs, análise de performance e modelação tática), entre outros.

Além da teoria, o conhecimento adquirido pela experiência do autor na área de análise de desempenho aplicada ao futebol, e mais recentemente na observação dos praticantes de alto nível (treinadores e jogadores) do futevôlei, também será um forte alicerce das ideias expostas nas páginas a seguir. Os comportamentos identificados não foram inventados, mas percebidos, agrupados e catalogados, processo necessário à fundamentação da metodologia de análise desenvolvida, cuja exposição é o foco principal daqui em diante.

Dos livros e textos (em papel ou digitais) para a quadra de areia, entre teoria e prática, convidamos o leitor a explorar os conceitos propostos para se estudar o futevôlei. Compreender para jogar melhor, esse é o objetivo.

ESTRUTURA E DINÂMICA

O futevôlei, como qualquer dos jogos coletivos com bola, tem estrutura funcional própria, embora inspirada quase totalmente pelo vôlei. A quadra de areia é retangular, com 18 m de comprimento por 9 m de largura; uma rede, com altura entre 2 m e 2,20 m, divide o espaço em duas partes de 9 m x 9 m cada, impedindo a invasão do lado adversário – a disputa pela bola é indireta, portanto.

Em geral, duas duplas se enfrentam, mas também pode ser disputado por trios e quartetos. Ao longo do texto, o termo "dupla" será mais utilizado, ficando implícito que abrange também as demais formações citadas.

A modalidade é democrática, com forte inclusão das mulheres – tanto com a disseminação da categoria feminina como nas duplas mistas. Aqui, vale outra ressalva, motivada pela Língua Portuguesa, que – como as demais derivações do latim – utiliza o "masculino genérico" como regra.

Por isso, toda vez que as leitoras se depararem com o termo "jogador", subentende-se que as jogadoras também estão representadas. Qualquer tentativa de utilizar caracteres especiais para neutralizar o gênero (jogadxr, jogad@r etc.) poderia dificultar a leitura. A regra pede o uso do masculino quando houver neutralidade, até que ela mude na escrita formal, precisamos segui-la. Mas todas as páginas foram escritas com o pensamento no futevôlei masculino, feminino e misto, sem distinção.

Retomando a descrição resumida das regras do futevôlei, cada equipe pode dar até três toques na bola (sem uso de mãos e braços, e sem que o mesmo jogador dê toques consecutivos) antes de finalizar a jogada direcionando a bola ao lado adversário. Se ela tocar o solo, ou se os oponentes não conseguirem devolvê-la, é ponto.

Dependendo da competição, o número de sets varia entre um e melhor de três, com pontuação final em 18, sem troca de vantagem e sem empate, exigindo diferença mínima de dois pontos (17 a 17 vai a 19, e assim por diante). Quem pontua, saca na próxima. A circulação da bola é exclusivamente aérea: bola para o alto!

O primeiro ciclo funcional do vôlei, segundo diversos pesquisadores – Monge Muñoz[6] entre eles –, é chamado "Complexo I". Vale o mesmo para o futevôlei: começa pelo saque; quem recebe constrói o ataque com toques individuais alternados – permitindo pés, coxas, peito, ombros ou cabeça (às vezes, a canela ou a ponta do osso do tornozelo... também acontece) para atacar e marcar o ponto diretamente. Se não for possível pontuar, pelo menos causar desordem na defesa adversária, dificultando (ou inviabilizando por indução ao erro) a devolução da bola.

O ataque em boas condições de levantada costumeiramente é realizado com a cabeça, mas os habilidosos e ágeis inventaram golpes com os pés, acrobaticamente voando como águia, disparando *sharks* e distribuindo patadas, voleios ou pingos sorrateiros com a sola. Cada um dá o seu tempero e lança o recurso que tem guardado no bolso.

O segundo ciclo, ou "Complexo II", é o contra-ataque. No vôlei, é iniciado pelo bloqueio, mas como essa tarefa acontece com muito menor frequência (tentativas de impedir um ataque *shark*, também com o pé ou até mesmo arriscando-se com a cabeça, cenário muito raro fora do circuito de altíssimo nível técnico e físico), vou passar direto para a defesa como ação inicial da nova sequência.

Basta dizer, para encerrar o assunto, que na eventual tentativa de bloquear um ataque, é preciso planejar a cobertura (tanto quem defende como quem levantou, pois para algum lado a bola vai respingar). Passou a bola para o outro lado, recomeça o segundo ciclo.

Obviamente, o Complexo I é mais estável, porque parte de um ponto parado. Por mais que o tipo de saque varie em função da estratégia ofensiva, a bola sairá do morrinho no fundo da quadra, isso sabemos.

Já o Complexo II é imprevisível e instável, pois as trajetórias da bola e as soluções encontradas pelos jogadores são únicas. É preciso estar preparado para tudo, avaliar as alternativas em fração de segundos, reagir rápido e resolver o problema.

A troca de contra-ataques só para quando houver ponto. Alguns autores criaram mais divisões de complexos (o contra-ataque do contra--ataque), conforme enumera Moraes[7] em sua dissertação de doutorado,

---

[6] MUÑOZ, Miguel Ángel Monge. *Construcción de un sistema observacional para el análisis de la acción de juego en voleibol*. Espanha: Universidade da Coruña, Servizo de Publicacións, 2007.

[7] MORAES, José Cícero. *Determinantes da dinâinar funcional do jogo de Voleibol*. Estudo aplicado em seleções adultas masculinas. 2009. Tese (Doutorado em Ciências do Desporto) – Faculdade de Ciências do Desporto e de Educação Física da Universidade do Porto, Portugal, 2009.

mas na prática tudo se resume ao primeiro ciclo (com saque e recepção) e à repetição do segundo ciclo (com defesa e contra-ataque) até o ponto.

Ao mesmo tempo em que a estrutura formal (espaço, regras) condiciona o comportamento dos jogadores, a dinâmica funcional recebe a influência do caos e da aleatoriedade das ações, exigindo alta capacidade de adaptação e versatilidade dos praticantes nas relações de cooperação (com a própria dupla) e de oposição (com os adversários). Não existe especificidade de função, como no vôlei (líbero, levantador, ponta, oposto etc.), apenas lado preferencial de atuação (esquerda ou direita), divisão que será abordada mais adiante.

Muñoz[8] descreveu os objetivos que compõem essa cadeia de ações dos jogadores, que se comunicam por intermédio da bola, criando a terminologia CCC (Controlar, Construir e Culminar) no vôlei. Mesmo perdendo a sigla CCC original, podemos usar "finalizar" ao invés de "culminar", e também trocar os verbos por substantivos. E assim listamos os Princípios Operacionais do futevôlei:

Controle: é o primeiro toque, seja no Complexo I (recepção do saque), seja no Complexo II (defesa de ataque/bola devolvida); os objetivos são ao mesmo tempo evitar que a bola caia na própria quadra e posicioná-la em boas condições para o companheiro dar sequência. O nome encontrado pelo autor não poderia ser mais claro. É preciso controlar a bola no primeiro contato. Tirar o veneno e arredondar para o parceiro.

Construção: o segundo toque é o levantamento, considerando-se a sequência natural da jogada. O termo também é autoexplicativo: levantar, acima de tudo, é construir a oportunidade de pontuar. O objetivo é deixar o companheiro em boas condições, ampliando ao máximo suas opções de ataque.

No entanto, se no primeiro toque a dupla não controlou – e a bola saiu sem altura e/ou direcionamento corretos –, o segundo toque passa a se chamar Conserto, na linguagem do futevôlei. Ainda se quer construir uma situação ideal de ataque à parceria, mas a prioridade agora é controlar.

Consertar significa, em resumo, um atraso no processo de construção, pois durante o segundo toque o objetivo principal ainda é o mesmo do primeiro – corrigir a trajetória e a velocidade. Fica evidente que a levantada é a interação que mais depende da ação anterior de cooperação para o sucesso.

Por vezes intencionalmente, para aproveitar uma oportunidade de surpreender, ou sem intenção – por erro técnico –, a bola é lançada de volta

---

[8] MUÑOZ, 2007 *apud* MORAES, 2009, p. 35.

para a quadra adversária no segundo toque, pulando do controle diretamente para o último passo do ciclo.

Finalização: é o ataque. Ele pode acontecer após um ciclo completo, com três toques, mas também de segunda (após um controle transformado em construção), e às vezes até de primeira (alguns apelam para essa artimanha, todo mundo tem um amigo assim).

O objetivo do ataque é matar o ponto, mas se isso não acontecer, criar dificuldade para o adversário não controlar e, consequentemente, não construir o contra-ataque. Muitas vezes, ruídos em alguma fase do processo inviabilizam o ataque, mas ainda é possível passar a bola para o outro lado ("de graça", no popular).

Quando for esse o caso, ao invés de ataque/finalização, podemos chamar o encerramento do ciclo de Devolução. Mesmo que a prioridade nessa situação seja cumprir a regra de encerramento da posse em no máximo três toques, frente à impossibilidade de atacar em boas condições, ainda é um objetivo secundário gerar desconforto ao oponente. Devolver de graça, mas nem tanto.

Vale reiterar que, muitas vezes, os erros na execução criam situações não intencionais favoráveis. O jogador que defende/recepciona, por exemplo, na tentativa de controlar, pode devolver a bola à quadra adversária de primeira, o que também acontece em erros de levantada. É um cenário frequente no futevôlei entre amigos, conforme o nível dos praticantes. Sem querer, também é ponto. Na iminência de errar, que se direcione o erro para o lado oposto.

Conhecendo a cadeia de ações e seus objetivos, adaptados da teoria do vôlei, mais uma vez o mantra/hashtag se apresenta: #bolaproalto. No Controle e na Construção, a altura da bola impacta na qualidade do próximo toque até o ambicionado ataque ideal. Caso contrário, teremos Conserto e Devolução, cedendo o contragolpe ao adversário.

E não apenas a altura é relevante, mas também a direção. A bola não vai somente para o alto, vai também para a frente, e pelo centro. Entre as variáveis que influenciam diretamente o desempenho dos jogadores, a altura e a direção da bola são as principais.

Com a bola no alto, controla-se o tempo, e a direção ajuda a manejar o espaço. Garganta[9] já havia identificado a importância da gestão do

---

[9] GARGANTA, Júlio. *Modelação táctica do jogo de futebol*. Estudo da organização da fase ofensiva em equipes de alto rendimento. 1997. Tese (Doutorado em Ciências do Desporto) – Faculdade de Ciências do Desporto e de Educação Física da Universidade do Porto, Portugal, 1997.

binômio espaço-tempo nos jogos coletivos – que em Portugal se chamam Jogos Desportivos Coletivos (JDCs), ao invés de JECs, como adotado a partir de Scaglia[10].

Moraes[11] lista as cinco dimensões necessárias ao estudo integrado da dinâmica funcional do vôlei, o que pode também ser adaptado para o futevôlei. Além do espaço e do tempo, também há o jogador, a tarefa e o desempenho. Veremos cada uma delas a seguir.

---

[10] SCAGLIA, 2017.

[11] MORAES, 2009.

ESPAÇO

Direcionar a bola corretamente não é a única maneira de gerir o espaço no futevôlei. Como em qualquer esporte coletivo, os jogadores em movimento ocupam espaços relevantes, identificados por meio da decisão tomada sobre como resolver o problema em andamento.

Essa decisão se baseia na análise de um contexto abrangente que envolve, entre outros, o conhecimento anterior sobre o jogo, as possibilidades do momento diante de imposições antes imprevisíveis, a antecipação de padrões, e os recursos físicos e técnicos para responder com eficiência.

Scaglia[12] assim escreveu: "O jogo fala".

Ele comparou o entendimento do jogo ao aprendizado de um idioma. Quanto mais o jogador conversa (pratica, experimenta diferentes cenários), mais palavras (soluções) ele adquire, aumentando seu vocabulário (repertório tático-técnico, podemos concluir). Outra analogia possível é a do quebra-cabeças: cada aquisição cognitiva-motora é uma nova peça que permitirá a montagem de um quadro cada vez maior e mais complexo.

Voltando ao jogo como uma forma de linguagem, aquele que fala melhor também reúne condições de interpretar o que os outros dizem, seja no diálogo com o parceiro (cooperação), seja na conversa com os adversários (oposição). A sintonia entre a dupla, estabelecendo e desenvolvendo juntos o seu idioma próprio, é fundamental – não dá para um falar grego, e o outro japonês.

Existem diversos estudos no futebol – não apenas em Portugal, o Brasil também é muito forte nessa área acadêmica – que investigam os processos cognitivos para a aquisição de conhecimento sobre o jogo e a consequente melhora na tomada de decisões. Aprofundar aqui esse aspecto, que envolve até neurociência, não é o propósito, mas cabe a sugestão para

---

[12] SCAGLIA, 2017, p. 98.

que os interessados procurem textos do professor Israel Teoldo[13], uma das principais referências sobre o tema.

Vale lembrar, entretanto, que a gestão do espaço no futebol atende a objetivos completamente diferentes. As equipes invadem o campo adversário e disputam a bola, que pode ter sua posse preservada por tempo indeterminado. As pesquisas que têm o futebol como pano de fundo valem pelo conteúdo aplicado (no caso mencionado, a capacidade de tomar decisões), e não pela dinâmica funcional da modalidade.

No futevôlei, a posse dura no máximo três toques sequenciais, com a bola circulando exclusivamente pelo ar, enquanto uma rede separa as duplas em lados distintos, impedindo interação física. Mapear esse terreno, identificando zonas de atuação, é uma forma de aprimorar a gestão do espaço. Moraes[14] destaca que as zonas têm importâncias diferentes conforme a tarefa que será realizada.

Isso possibilita à dupla, mesmo diante da imprevisibilidade de acontecimentos em meio ao caos e à aleatoriedade, organizar maneiras (ele chama de "combinações espaciais") de se posicionar e de se movimentar para agir coordenadamente. Baseados na experiência adquirida com a prática e o entendimento decorrente, os jogadores podem elaborar planos prévios que ajudam a sincronizar a análise de cada situação.

Quando os companheiros pensam juntos, um prevendo a decisão que o outro vai tomar, funcionam como peças da mesma engrenagem. No futebol, existe um termo comum à análise e à modelação tática, e que bem define a sintonia pretendida: os times – e em nosso caso, as duplas/trios/quartetos – devem funcionar como "organismos vivos".

Antes de identificar as zonas de atuação, reiteram-se as medidas: a quadra de futevôlei tem um total de 18 metros por 9 metros, confinando cada equipe em um quadrado de 9 m x 9 m. Essas medidas permitem uma fácil delimitação em corredores, zonas e quadrantes, em múltiplos de 3.

No sentido do fundo da quadra para a rede, em paralelo às linhas laterais, formam-se três corredores (Figura 1):

---

[13] TEOLDO, I. *et al. Para um futebol jogado com ideias*: concepção, treinamento e avaliação do desempenho tático de jogadores e equipes. Curitiba, PR: Appris, 2015.

[14] MORAES, 2009, p. 45.

Figura 1 – Corredores

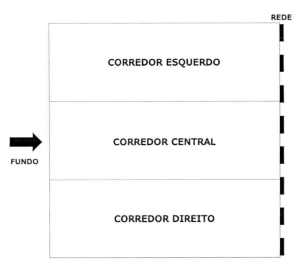

Fonte: o autor

Embora as tarefas exijam versatilidade (todos fazem tudo), as duplas preservam os lados preferenciais de atuação, como posições – ou esquerda, ou direita. Não é comum, mas circunstâncias da partida podem levar à troca momentânea de lado, como para solucionar um imprevisto.

Em geral, a especialização do jogador se deve à maior naturalidade para atacar daquele lado (potência do golpe, principalmente), mas outros aspectos podem ser levados em consideração na hora da escolha. A orientação do pé não dominante e a relação entre a técnica e a exigência podem ser elementos com peso alto quando se define o lado preferencial.

No popular: o pé bom fica para dentro da quadra (destro na esquerda, canhoto na direita) ou para fora (destro na direita, canhoto na esquerda)? Não existe determinismo, nem resposta certa, é questão de preferência e de capacidade de adaptação.

Paralelo ao fundo e à rede, ainda sob a perspectiva da direção do ataque, a própria quadra também pode ser dividida em três linhas, conforme a altura (Figura 2):

Figura 2 – Linhas

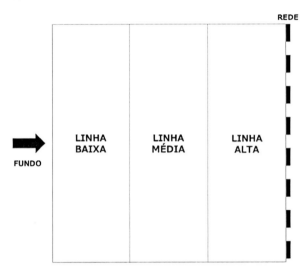

Fonte: o autor

Linhas e corredores servem de referência ao posicionamento inicial dos jogadores, de acordo com o plano da dupla e a tarefa exigida, em especial na estratégia defensiva. A posição da bola na ação, e o adversário que a executa, são também fatores com forte influência para ajustar o ponto de partida.

Dependendo de quem saca, e onde ele posiciona a bola, a dupla vai regular sua disposição para a recepção. Da mesma forma, quem ataca e em que condições (altura e posição da bola na rede) são aspectos fundamentais para decidir quais espaços ocupar, antecipando possibilidades e prevenindo-se.

Sobrepondo corredores e zonas, o espaço de atuação se divide em nove quadrantes, refinando a identificação das áreas mais relevantes, assim nomeados arbitrariamente conforme a localização (Figura 3):

Figura 3 – Quadrantes

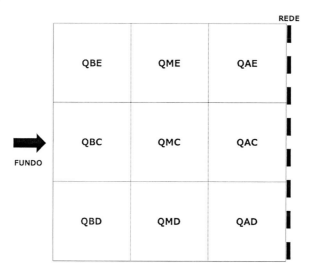

Fonte: o autor

- QAE é o Quadrante Alto Esquerdo;
- QAC é o Quadrante Alto Central;
- QAD é o Quadrante Alto Direito;
- QME é o Quadrante Médio Esquerdo;
- QMC é o Quadrante Médio Central;
- QMD é o Quadrante Médio Direito;
- QBE é o Quadrante Baixo Esquerdo;
- QBC é o Quadrante Baixo Central;
- QBD é o Quadrante Baixo Direito.

Considerando-se que o objetivo principal de cada ciclo ofensivo é finalizar em boas condições, QAC é o quadrante de excelência para a execução do segundo e, principalmente, do terceiro toque. Quando o jogador está "de meio", como se diz, há mais possibilidades de ataque disponíveis. Espremido nos cantos da quadra, ou então distante da rede, o levantador e o atacante têm reduzidas as alternativas.

QMC é o segundo cenário ambicionado para a boa execução da levantada. Se não for possível direcionar a recepção/defesa para o quadrante central da linha alta, o ponto central da linha média é a alternativa mais viável. Mas, por estar longe da rede, não pode ser considerado no momento da finalização – atacar do QMC, em geral, resume-se a devolver a bola sem oferecer risco.

QAE e QAD são as terceiras opções para a construção, mas na hierarquia de ataque estão em segundo. Embora nas pontas o cardápio ofensivo diminua, ainda é possível oferecer risco e matar o ponto. Muitos jogadores, quando espetados entre a fita e a antena, conseguem explorar espaços relevantes sem perder potência – seja com a cabeça, seja nas acrobacias com os pés.

Podemos simplificar dessa forma, reunindo os objetivos que integram os ciclos, a divisão do espaço de atuação em quadrantes – com os pontos de excelência identificados – e o conceito de direcionamento da bola como ferramenta de gestão do espaço:

Controle: ponto de execução determinado pelo adversário, por meio do saque ou do ataque/devolução; ideal que o primeiro toque direcione a bola para QAC; se não for possível, para QMC; e terceira opção (não desejável), para o quadrante alto do corredor oposto ao seu (QAC ou QAD), evitando que a parceria tenha de atravessar a quadra e inverter os lados da dupla; não permitir qualquer outro direcionamento, o que exigiria uma consecutiva ação de Conserto, estagnando o processo ofensivo no estágio inicial.

Construção: ponto de execução determinado pelo primeiro toque do companheiro; ideal que o segundo toque direcione a bola para QAC (proporcionando o ataque "de meio"), mesmo que seja um Conserto; segunda opção, quadrante alto do corredor do companheiro (QAE ou QAD, proporcionando ataque de ponta); evitar qualquer outro direcionamento, o que forçaria a Devolução da posse.

Finalização: ponto de execução determinado pelo segundo toque da dupla; direcionamento à quadra adversária com o objetivo de matar o ponto ou de inviabilizar que o adversário construa o contra-ataque. Buscar formas de agredir para desorganizar e pontuar mesmo fora do cenário ideal, direcionando uma eventual Devolução para pontos abertos, em especial ao fundo da quadra.

Fica evidente que a Aproximação entre os parceiros é um princípio fundamental para a dinâmica de cooperação. Se o objetivo é manter a bola no corredor central até posicioná-la próxima à rede para a finalização, aproximar-se um do outro cria melhores condições de execução das tarefas (Figura 4):

Figura 4 – Medidas do quadrante

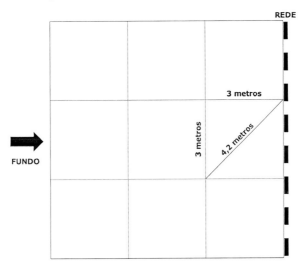

Fonte: o autor

Aplicando o Teorema de Pitágoras[15], encontra-se o valor da diagonal do quadrante: em torno de 4,2 metros (arredondando).

Essa medida pode ser considerada a máxima distância desejável entre a dupla. Ultrapassá-la significará jogadores em corredores e/ou linhas opostas, provocando Separação. Já a mínima distância desejável é a medida do lado do quadrante: 3 metros. Inferior a isso e os jogadores ocuparão a mesma área, em Sobreposição.

Os dois casos representam desequilíbrio na ocupação da quadra, expondo grandes espaços relevantes para o adversário pontuar se o processo for defensivo, ou criando dificuldades para a evolução do processo ofensivo. A dupla deve agir como se estivessem ligados por uma corda imaginária, pela qual o movimento de um reverbera no outro.

---

[15] O Teorema de Pitágoras diz que o quadrado da hipotenusa (diagonal) é igual à soma dos quadrados dos catetos (lados): $a^2 = b^2 + c^2$. Nesse caso, a diagonal (d) resulta de $d^2 = 3^2 + 3^2$; $d = \sqrt{18}$; logo, $d = 4,2426...$

Não se pode ficar parado assistindo ao parceiro, torcendo por ele, enquanto o espaço aumenta a ponto de inviabilizar sequência à jogada. Se um vai, o outro aproxima.

Assim como no futebol, um produto da necessária Aproximação é o apoio oferecido ao parceiro quando este realiza uma ação em dificuldades (com rápido deslocamento, alta aceleração, desequilíbrio, orientação corporal contrária à quadra, entre outras). É comum ouvir durante uma partida o pedido "Me ajuda!", um alerta para que o companheiro chegue perto e potencialize as chances de sequência em boas condições.

A Aproximação dos jogadores entre 3 e 4,2 metros é um princípio fundamental – uma regra tática desejável, assim como a altura da bola e o direcionamento central –, mas é evidente que a imprevisibilidade dos acontecimentos pode levar a momentos de Sobreposição ou de Separação. Nesses casos circunstanciais, a meta é solucionar o problema e reestabelecer a organização, gerindo não apenas o espaço, mas também o tempo da jogada.

4

TEMPO

Na dinâmica de interação, a altura da bola é o elemento principal da gestão do tempo para a execução da tarefa. Além dela, como na dimensão espacial, o direcionamento e a aproximação entre os jogadores completam a tríade de princípios fundamentais do futevôlei.

Tanto no controle como na execução, a bola baixa acelera o processo e cria constrangimentos que podem até mesmo impedir a sequência do ciclo, resultando em ponto cedido. A direção e a aproximação minimizam seu efeito, porém, podem ser insuficientes para uma correção.

Do contrário, a trajetória alta dá tempo para o jogador atacar o espaço e executar o gesto ideal, com equilíbrio, priorizando a parte superior do corpo (peito, cabeça e ombros) e fazendo o contato na superfície inferior. Torna-se imprescindível que a bola permaneça no ar tempo suficiente para viabilizar a batida embaixo dela.

A julgar pela altura média de 2,20 m da rede, manter a bola acima dessa medida ("passando a fita") é a meta mínima. Quanto mais ruídos houver na jogada (quem defendeu um ataque difícil no fundo da quadra precisa de tempo para se erguer do chão e percorrer os nove metros dali até a rede para atacar, por exemplo), mais a altura precisa ser superior.

O jogo exige constante tomada de decisão para atender às emergências (solucionar os problemas) com a máxima rapidez e eficiência. Segundo Moraes[16], ampliar o tempo que o jogador tem para analisar os fatores e decidir o que e como fazer potencializa a chance de acerto (tempo como aspecto facilitador); diminuí-lo aumenta a possibilidade de erro (tempo como aspecto inibidor).

É na dinâmica funcional que reside a influência da dimensão temporal, já que, a exemplo do vôlei, não existe duração determinada, como nos 90 minutos do futebol. Mesquita[17] afirma que fatores como a limitação de

---

[16] MORAES, 2009, p. 46.

[17] MESQUITA, Isabel Maria Ribeiro. *A instrução e a estruturação das tarefas no treino de Voleibol.* Estudo experimental no escalão de iniciados feminino. Tese (Doutorado em Ciências do Desporto) – Faculdade de Ciências do Desporto e de Educação Física da Universidade do Porto, Portugal, 1998.

toques e a alternância obrigatória de posse criam no vôlei uma "crise de tempo", conceito que podemos também adotar no futevôlei.

Enquanto, durante seu ciclo ofensivo, a dupla deve evitar essa crise a partir dos princípios fundamentais de altura, direção e aproximação, ao atacar, busca-se gerar crise de tempo no processo do adversário, induzindo-o ao erro. Esse conceito é comum aos JECs, cada qual com suas especificidades.

No caso do foco deste estudo, um elemento que o diferencia do vôlei na gestão do tempo é o conceito "tempo de ataque". No jogo praticado com as mãos, conforme Moraes[18] constatou em seu estudo, é desejável que o tempo de ataque seja curto, impedindo que a defesa se organize adequadamente. Para isso, a bola deve cumprir trajetória rápida entre o contato do levantador e o toque de ataque.

Tal exigência seria contraditória, entretanto, caso fosse adotada pelo futevôlei. A altura da bola, somada a direcionamento central e à aproximação entre a dupla, é desejável nas três fases do ciclo ofensivo – não apenas no Controle e na Construção, em ambas dando tempo ao ajuste para acurácia técnica –, mas também na Finalização.

Uma levantada rápida pode se tornar elemento inibidor do ataque, obrigando o jogador a acelerar o movimento, com menos opções a escolher. Mesmo que a bola alta possibilite também que o adversário organize a defesa, o atacante ajusta-se para dar velocidade à finalização com o salto e o movimento de pescoço no momento do contato, regulando a velocidade desejada após o terceiro toque (coloca potência, ou tira o peso, ou dá efeito etc.), e não no segundo.

Mesmo na teoria do vôlei, existe ressalva à velocidade da levantada ser proporcional à possibilidade de êxito no ataque. Hebert[19], um dos maiores expoentes do treinamento de vôlei nos Estados Unidos, enumerou as diferenças de estilo entre escolas nacionais da modalidade, e defendeu que as equipes (e os jogadores) "abracem o seu estilo de jogo"[20], comparando características ofensivas típicas dos cubanos, dos japoneses, dos norte-americanos e até dos brasileiros na modalidade. Ao invés de uma fórmula única, o autor utilizou os exemplos para deixar claro que o mais importante é conciliar as próprias virtudes aos objetivos do jogo – cubanos impondo a

---

[18] *Ibidem*, p. 72-79; 106-110.

[19] HEBERT, Mike. *Thinking Volleyball*. Inside the game with a coaching legend. Estados Unidos: Human Kinetics, 2013.

[20] *Ibidem*, p. 70-75.

grande potência física em ataques e domínio da rede, japoneses regulando velocidades para minimizar as dificuldades da menor estatura média, americanos e brasileiros (talvez pela extensão territorial desses países) com estilos híbridos.

Esse conceito serve perfeitamente ao futevôlei, afinal, a qualidade técnica, as características físicas e a criatividade do jogador na hora de finalizar abrem margem a diversos cenários, facilitados pela altura da bola – o que dá mais tempo para leitura, tomada de decisão e execução. Cada um moldará seu padrão ofensivo conforme o que tem de melhor, e em geral a altura da bola permitirá o ajuste prévio para o ataque ideal.

Haverá casos em que se utilizem levantadas rápidas, com pouca altura, para explorar tipos de ataques favoráveis, exceções que não interferem na construção do conceito geral dos princípios fundamentais para a dinâmica funcional do futevôlei. Saber o que se quer, seguindo uma ideia prévia em sintonia com a dupla, serve de bússola, mas não pode engessar a capacidade de se adaptar a diferentes cenários.

TAREFA

Essa não é uma expressão nova para quem está lendo pela ordem desde a página 1. A dimensão tarefa já foi abordada nos capítulos sobre Estrutura e Dinâmica, e sobre o binômio espaçotemporal, com o qual anda de mãos dadas.

Podemos definir tarefa como a ação que o jogador executa, sob o constrangimento do tempo e do espaço por ele geridos, para alcançar determinada meta[21]. Ou seja, ela é diretamente influenciada pelos princípios fundamentais do futevôlei: altura, direcionamento e aproximação.

Quanto melhores as condições encontradas – regulação da dinâmica funcional, posição e trajetória da bola em relação à quadra e à rede, movimentação coordenada dos jogadores –, mais segurança existe para refinar o acabamento do gesto técnico. A dimensão tarefa também está ligada aos princípios operacionais (impedir o ponto, controlar, construir e finalizar), que estabelecem os objetivos norteadores da ação.

No futevôlei, fazendo a ressalva sobre a eventualidade de se adicionar o bloqueio, as tarefas são – seguindo a lógica do jogo: saque, recepção, levantamento, ataque e defesa.

Conforme Mesquita[22], três fatores tornam as tarefas nos JECs altamente complexas: a instabilidade do meio (sujeito ao caos e ao imprevisto); o caráter arbitrário na duração (não se pode prever onde e quando ela vai se realizar), e o elevado grau de especificação exigido pelo objetivo contido na ação (o que fazer, dentre diversas opções, para melhor resolver o problema).

São muitas potenciais interferências externas e internas que podem comprometer a qualidade do resultado. Em seus estudos aplicados ao vôlei, a autora[23] afirma que o problema central para o sucesso da tarefa está na capacidade de interpretar todos os fatores envolvidos para escolher entre as muitas respostas possíveis, sob a crise de tempo.

---

[21] GARGANTA, 1997, p. 206.

[22] MESQUITA, 1998, p. 36.

[23] *Ibidem*, p. 37.

Isso reforça ainda mais a necessária aquisição do conhecimento sobre o jogo, aliada à prática, para aprimorar a leitura do contexto – o que Scaglia[24] chama "competência interpretativa" – e a consequente tomada de decisão, o que será abordado com mais atenção quando chegarmos à Dimensão Jogador. Cognição e técnica estão entre as principais exigências à prática de alto nível, mas não sozinhas.

No futevôlei, o condicionamento físico também assume grande relevância, devido à sua estrutura funcional e ao terreno. Constantes trocas de direção e de velocidade na areia, saltos e piques requisitam capacidades físicas como potência, força, resistência, reação, equilíbrio, agilidade, flexibilidade e mobilidade.

Conhecer o jogo é fundamental para estabelecer os processos de interpretação e análise que levarão à tomada de decisão, ordenando o corpo a realizar determinados movimentos. Porém, se o jogador não tiver recursos físicos para tal, a qualidade do resultado será comprometida. Assim como no refino do acabamento para atingir a meta (resolver o problema).

Cognição, técnica e capacidade física completam-se e sustentam a Dimensão Tarefa. Garganta[25] chama essa reunião de "capacidades motoras", e destaca – parafraseando: saber o que tem de ser feito não implica saber fazer. Se não, podemos concluir, todo teórico esportivo seria um potencial craque nos campos e quadras, o que não é verdade.

Garganta[26] também definiu a técnica como a realização de uma tarefa buscando o máximo rendimento, mencionando estudos que falam sobre o "modelo ideal de movimento", ou o "gesto perfeito". Quanto melhor o gesto, quanto mais o jogador domina a execução do fundamento, mais habilidoso (ou proficiente) ele é, em resumo.

Schmidt e Wrisberg[27] afirmam que o principal determinante para o sucesso naquilo que chamam "habilidade motora" (podemos considerar essa expressão um sinônimo para "tarefa") é a qualidade do movimento, o que

---

[24] SCAGLIA, 2003, p. 97.

[25] GARGANTA, Júlio. A formação estratégico-táctica nos jogos desportivos de oposição e cooperação. *In*: GAYA, A.; MARQUES, A.; TANI, G. (org.). *Desporto para Crianças e Jovens*. Razões e finalidades. Porto Alegre: UFRGS Editora. Universidade Federal do Rio Grande do Sul, 2004. p. 217-233.

[26] GARGANTA, Júlio. O treino da táctica e da técnica nos jogos desportivos à luz do compromisso cognição-acção. *In*: BARBANTI, V.; AMADIO, A.; BENTO, J.; MARQUES, A. (ed.). *Esporte e Actividade Física*. Interacção entre rendimento e saúde. São Paulo: Manole, 2002. p. 281-306.

[27] SCHMIDT, Richard A.; WRISBERG, Craig. *Motor Learning and Performance*: A Situation-Based Learning Approach. Estados Unidos: Human Kinetics, 2007.

demanda "máxima certeza, mínimo gasto energético e mínimo movimento"[28] – lembrando a definição de técnica do professor Garganta, recém-exposta. Magill[29] reitera que a habilidade motora se caracteriza pela existência de uma meta, é realizada voluntariamente com o recurso de movimentos para atingi-la, e com necessidade de ser aprendida.

No futevôlei, podemos diferenciar os gestos técnicos, ou fundamentos, pelo ponto de contato do corpo com a bola na ação: chapa (parte interna do pé), coxa, peito, ombro e cabeça. Interpretando os conceitos expostos e trazendo ao dia a dia nas quadras, fica evidente a importância das escolas de futevôlei na formação adequada dos atletas, abrangendo no treinamento todos os aspectos que retroalimentam a Dimensão Tarefa: capacidades cognitivas (tática, leitura, decisão), físicas e motoras (técnica). O jogador tem de saber o que deve ser feito, por que fazer, quando, onde e de que forma, reunindo ainda as condições para conseguir.

Mas... e a competência psicológica? Também interfere, e muito, na qualidade da tarefa. Assim como as demais capacidades, ela pode ser aprendida, adquirida e aperfeiçoada com o treino e a prática do esporte.

Como veremos mais à frente quando aprofundarmos o tema consultando a teoria, comportamentos mentais como concentração, motivação e autoconfiança – entre outros – podem servir de combustível para o atendimento das demais exigências. Focado, o jogador tem melhores condições de gerir todo o processo, desde comandar músculos até identificar espaços: ir para o lugar certo, no tempo exato, despejando potência com refino técnico para atender ao objetivo planejado.

---

[28] *Ibidem*, p. 10.

[29] MAGILL, Richard A. *Aprendizagem Motora*: Conceitos e Aplicações. Tradução da 5ª edição americana. Brasil: Bluncher, 2000.

6

JOGADOR

Podemos considerar o jogador uma complexa máquina cujo funcionamento depende do processamento de dados, como um computador de última geração. Na verdade, essa é uma característica humana, afinal, na essência tudo se baseia em usar os sentidos para recolher informações, interpretar, contextualizar, analisar, selecionar e decidir o que fazer.

A cognição é um processo de aquisição de conhecimento que envolve capacidades como percepção, atenção, inteligência, antecipação e tomada de decisão, que frequentam nossas ações do acordar ao dormir. Falhas nesse encadeamento levam a problemas. Assim na vida, assim no jogo.

Pelo processamento de dados por intermédio das capacidades cognitivas, o jogador pode identificar padrões, prevendo tendências e ajustando suas decisões de maneira mais rápida e eficiente, para então executar a tarefa corretamente com o complemento das capacidades físicas e técnicas. Para onde ir? Em que momento? O que fazer? De que forma? Com que objetivo? Tudo é informação utilizada para escolhermos e realizarmos as ações.

Noutros esportes coletivos, existem perfis funcionais que segmentam os jogadores, direcionando-os para onde melhor rendem (goleiro, lateral, zagueiro etc., na comparação com o futebol), mas no futevôlei a versatilidade é obrigatória. Apesar da divisão em lado preferencial – as duplas têm a posição Direita e a Esquerda –, ambas cumprem todas as tarefas, sem restrição.

Em geral, o jogador associa a escolha do lado de atuação ao rendimento ofensivo: de que ponto seu ataque apresenta maior e melhor repertório. Não há empecilho, portanto, quanto ao pé dominante, havendo destros e canhotos tanto na direita quanto na esquerda da quadra. Conforme as características individuais, o atleta faz os ajustes de posicionamento, orientação corporal e movimentação ao seu corredor preferencial, o que será abordado quando falarmos de tática e estratégia.

Desde o início do livro, temos visto que os temas estão divididos em capítulos apenas para facilitar a compreensão dos conceitos, porque todas as dimensões se relacionam. É o jogador quem gere o espaço e o tempo para realizar a tarefa, o que exige dele recursos cognitivos, físicos, técnicos e psicológicos.

E não se joga sozinho. Na relação de cooperação, estar em dupla significa compartilhar dos mesmos objetivos, o que exige sintonia, sincronia e convergência no pensar e no agir. A decisão de um impacta na próxima do outro, e assim sucessivamente.

Rink *et al.*[30] dividiram o conjunto de características dos atletas de elite em dois níveis: o "cognitivo" (caracterizado por maior eficiência na coleta de informações, maior velocidade e precisão no reconhecimento de padrões e nas tomadas de decisão e maior capacidade de antecipar situações pelo conhecimento das probabilidades envolvidas), e o de "execução motora", que envolve padrões de movimento mais consistentes e adaptáveis, alto percentual de acerto na execução das técnicas, adaptabilidade, automatização para economia de esforço e capacidade superior para detectar e corrigir erros.

Novamente, faz-se a ressalva sobre a necessidade de incluir os níveis de resposta física e de controle mental, que não integram essa lista da referência teórica. No futevôlei, o atleta de alto nível, além da inteligência de jogo e da técnica apurada, necessita extremo condicionamento físico e domínio das competências psicológicas.

---

[30] RINK, Judith E.; FRENCH, Karen E.; TJEERDSMA, Bonnie L. Foundations for the learning and instruction of sport and games. *Journal of Teaching in Physical Education*, Estados Unidos, v. 15, p. 399-417, 1996 *apud* GARGANTA, 2002, p. 90.

7

DESEMPENHO

Fechando a apresentação das cinco dimensões de estudo dos JECs, chegamos ao final do processo: o desempenho, que depende fortemente da interação entre tudo o que foi falado até aqui. Em resumo, desempenho (performance é um sinônimo aceito) é um comportamento observável.

Conhecendo as exigências e os objetivos de uma tarefa, dá para avaliar se o efeito foi satisfatório ou não. Por isso, antes de apresentar a metodologia de análise, é preciso fundamentar os conceitos teóricos, catalogando os comportamentos e identificando padrões desejáveis ou indesejáveis.

Da maneira como o jogador administra os constrangimentos relacionados à gestão do tempo e do espaço e à realização da tarefa para atingir a meta – considerando-se todos os aspectos cognitivos, técnicos, físicos e psicológicos envolvidos em um sistema complexo de constante cooperação e oposição –, resulta em um desempenho que pode ser mensurado.

Magill[31] apresenta cinco indicadores utilizados para analisar a evolução da performance, e que podemos importar para o futevôlei, principalmente no que diz respeito ao treinamento.

O autor fala especialmente do ensino de habilidades motoras quando menciona o aperfeiçoamento, a consistência, a estabilidade, a persistência e a adaptabilidade. No entanto, esses indicadores não se restringem ao aprendizado, servindo também de referência ao alcance e à manutenção dos níveis de excelência da alta performance esportiva.

Aperfeiçoamento é a melhoria na execução da habilidade motora. Esse é um indicador atendido pela coleta de dados para a análise de desempenho – o *scout* –, pois pode ser quantificado. Se entre 10 levantamentos com o ombro direito o jogador acerta cinco, e depois passa a executar sete de forma satisfatória, há melhoria. Do contrário, se a prática é malconduzida e ele cai de cinco para três acertos, o aperfeiçoamento não se verificou.

---

[31] MAGILL, 2000, p. 136-137.

Consistência é quando o fundamento e/ou a tarefa oscilam pouco a cada tentativa medida. Ao invés de passar do três para o sete e do sete para o três, seguindo no mesmo exemplo, variar entre cinco e sete é consistente. Já a Estabilidade é quando a performance se mantém adequada, mesmo se os constrangimentos externos se alteram. É quando o sete se torna o padrão de acertos a cada recorte de 10 execuções com o ombro direito.

Se a melhoria alcançada permanece evidente durante longo período de tempo, passa a ser um indicador de Persistência. E a Adaptabilidade, encerrando essa lista, é quando se observa a aplicação de uma habilidade em um contexto muito diferente do momento no qual ela foi aprendida.

Existem muitas outras formas de se construir protocolos de medição de desempenho, que podem enfocar as diferentes capacidades separadamente, ou integrá-las. A vanguarda da análise de performance em JECs de elite no mundo é o uso de indicadores de desempenho. Essas métricas envolvem algoritmos que processam em altas velocidades imensos bancos de dados, um universo que abre espaço à criatividade dos analistas e programadores.

Com um conceito sólido embasando, lógica na construção das equações e validação a partir da interpretação e da contextualização com o jogo, tudo pode ser avaliado, seja quantitativamente, seja qualitativamente. No futevôlei, é fácil identificar diferentes níveis de performance individual, aplicando-se o mesmo princípio da coleta de dados para aperfeiçoamento.

Os graus de eficiência na execução do gesto e da habilidade motora revelam em que estágio cada um está, o que permite melhor nivelamento em treinos e em competições. A metodologia de análise de desempenho aplicada ao futevôlei é o foco deste livro, e será detalhada mais à frente, desde sua construção, passando pelos protocolos de indicadores criados, até chegar aos resultados coletados.

GESTO TÉCNICO

Depois de conceituá-las como "habilidades abertas", Mesquita[32] menciona estudos de Rink para afirmar que o sucesso da aprendizagem das tarefas depende de três aspectos: padrão de movimento ideal (eficiência); alcance do resultado pretendido (eficácia) e ajuste das soluções conforme os variados problemas se apresentam no jogo (adaptação).

Em exemplo simples, eficiência é a execução correta na mecânica que envolve a peitada, com a necessária adaptação às circunstâncias daquele momento, como um eventual ajuste de orientação corporal; se essa peitada é uma levantada e, além do gesto ideal, proporciona excelente condição de ataque à parceria na sequência, foi eficaz.

Mesquita[33] reforça ainda – baseada em diversos pesquisadores – uma especificidade do vôlei que podemos concluir ser ainda mais acentuada no futevôlei, comparado a outros JECs: com limitação de toques individuais e coletivos, e proibição de a bola cair ao solo, a execução correta do fundamento assume papel de destaque no sucesso da ação.

Se no futebol um chute em desequilíbrio, com irregularidades no movimento, ainda pode resultar em gol, no futevôlei o uso da chapa sem respeitar as prerrogativas do gesto ideal, fatalmente, leva a erro gerador de ponto ao adversário. Diferente do que se nota nos campos de grama do esporte coletivo mais popular, em que a competência tática se exalta e abraça todas, na areia, com circulação de bola exclusivamente aérea, a proficiência técnica desponta.

É claro que os princípios norteadores do jogo e todas as demais capacidades têm sua importância, mas a construção de um repertório motor adequado é imprescindível ao futevôlei. E mais: é na prática que ele se desenvolve. Repetir, repetir e repetir, até automatizar o gesto; depois, continuar repetindo até adquirir estabilidade técnica.

---

[32] MESQUITA, 1998, p. 87.

[33] *Ibidem*, p. 22.

Do treino para o jogo, identificando correções e encontrando soluções para novos problemas, assim o repertório motor se consolida, em processo que varia conforme as características individuais. É uma espécie de purificação que afasta vícios – ou, como define Mesquita[34], "gestos parasitas".

A tarefa dá significado à ação, e para atingir o objetivo nela contido, a lógica do jogo serve de guia. O resumo é o mantra do esporte: bola para o alto. O atleta deve gerir o tempo e o espaço, regulando altura e direção da bola, e a distância entre a dupla.

Controlar e elevar a bola para dar o tempo ideal à sequência da ação, assim como posicioná-la no quadrante de excelência – no centro, próximo à rede –, são as exigências básicas de qualquer habilidade motora no futevôlei, alicerçadas pelo modelo ideal de movimento.

Também é importante lembrar que cada movimento exigirá sua cota cognitiva, pois a adaptação vem inicialmente da percepção, da antecipação, da leitura (velocidade e trajetória da bola, entre outros) e da consequente tomada de decisão, tudo capturado pelos sentidos e processado no cérebro.

O estudo de Fiuza *et al.*[35] fotografou e analisou quatro gestos técnicos executados por um grupo de praticantes recém-iniciados ao futevôlei, com a intenção de identificar as estruturas musculares e articulares envolvidas: chapa, coxa, peito e cabeça.

A parte interna do pé, popularmente conhecida como "chapa", protagoniza o fundamento mais frequente. Desde o saque (apesar de exigir outro padrão de gesto), ela é quem mais entra em contato com a bola (Figura 5):

---

[34] MESQUITA, 1998, p. 97.

[35] FIUZA, Tatiana de Sousa; SILVA, Carini Silva da; STRINI, Paulinne Junqueira Silva Andresen; STRINI, Polyanne Junqueira Silva Andresen. Análise morfofuncional dos movimentos executados no futevôlei. *Revista Extendere*, Universidade do Estado do Rio Grande do Norte, Brasil, v. 5, p. 37-47, 2017.

Figura 5 – gesto ideal da chapa

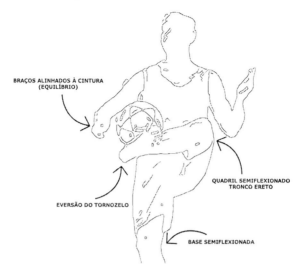

Fonte: o autor

Na chapa, como em todos os demais fundamentos, utiliza-se algum nível de flexão de perna como recurso para bater na bola de baixo para cima, subprincípio necessário ao ganho de altura. Nesse caso, com semiflexão da perna de apoio, o atleta executa a eversão do tornozelo (rotação do plano frontal) para acertar a superfície inferior da bola com a parte interna do pé, segundo Fiuza *et al.*[36]

Podemos considerar parte do gesto ideal a flexão dos cotovelos e a abdução do ombro, para manter os braços levemente abertos em busca de maior equilíbrio, assim como a semiflexão do quadril, com o tronco ereto, para a estabilidade. Essa chapa padronizada é frequente em levantadas, e recepções de saques baixos ou devoluções que vêm "de graça".

Fazer a leitura da trajetória, identificando o momento exato da execução (no popular, o "tempo de bola"), também é fundamental: precipitar ou atrasar a ação interfere no resultado, inviabilizando a conquista da altura ou o direcionamento correto.

A parte superior ("peito do pé") e a externa, próxima ao calcanhar (em muitas regiões do Brasil, é "chaleira", em outras, é "trivela", e por aí vai), geralmente ficam restritas à defesa, requerendo diferentes tipos de movimentos. Com o peito do pé, o atleta ajoelha a perna de apoio, tocando

---
[36] FIUZA *et al.*, 2017, p. 42.

o solo. Já a chaleira é um recurso estilístico, que até serve de proteção da perna não dominante, mas os virtuosos também o fazem pela plasticidade.

Os pés diversificam a área de contato nas ações defensivas, porque são o último recurso para evitar o ponto adversário. Se as circunstâncias inviabilizam quaisquer alternativas, quando a bola está em queda aproximando-se da areia, atirar-se para rebater é comum. Nesse caso, com o corpo no ar, a parte interna volta a ser o ponto de referência para acertar a superfície inferior da bola, controlar e dar altura.

Os pés também são usados no ataque. Saltos acrobáticos culminam em ataques fulminantes, envolvendo ativações musculares e articulares muito diferentes das descritas no simples gesto da chapa.

E no saque, fechando a migração do pé como único a executar todas as tarefas, também há versatilidade: costumeiramente, é com a parte interna, mas alguns fazem uso dos "três dedos" – início da parte externa – e até do polegar ("de bico", "de dedão"), cada um apresentando seu repertório e tentando dificultar a recepção.

Subindo para o próximo fundamento (vamos ignorar a "canela", embora sem intenção muitos praticantes a utilizem no jogo), a coxa costuma ser evitada. Na observação do futevôlei de excelência, executar tarefas com a coxa significa erro de leitura: ao reagir em atraso, o jogador perde o tempo de atacar a bola com as partes superiores (peito, ombro ou cabeça, pela ordem), o que em alguns casos pode ser provocado também por fadiga.

A coxa é mais frequente entre praticantes que ainda estão em desenvolvimento inicial. Diante de qualquer insegurança quanto à eficiência de algum gesto, o jogador pouco experimentado faz dela uma solução. Embora aparente maior simplicidade nas exigências motoras, a coxa é uma armadilha descartada à medida que se evolui na execução dos fundamentos que estão acima da linha da cintura.

Como a batida deve ser na parte anterior da coxa, próximo ao joelho, a bola ganha velocidade e peso com facilidade caso o ponto de contato fuja minimamente do ideal. A meta é atingir a bola no momento em que se forma um ângulo de 90º com a perna, em movimento contínuo para impulsioná-la (Figura 6):

Figura 6 – gesto ideal da coxa

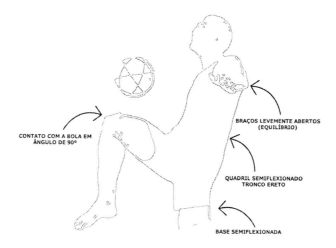

Fonte: o autor

Fiuza *et al.*[37] também identificam as leves flexões da perna de apoio e do quadril, assim como se repete o tronco ereto e os braços equilibrados na linha da cintura. Reitera-se a importância da reação em tempo certo, deixando a bola cair para atingi-la na superfície inferior, empurrando para cima e terminando a execução com o joelho em ângulo alto.

Os ombros não foram objeto do artigo mencionado, mas os princípios seguem a lógica da chapa e da coxa, agora os dois pés no chão. As pernas devem se distribuir de maneira oposta ao lado que executa a ação: se a batida for com o ombro direito, esquerda levemente à frente (ambas flexionadas); se for o ombro esquerdo, direita à frente. Dessa forma, evita-se a rotação de quadril.

Um gesto parasita desse fundamento é a rotação do ombro. Para estabilizá-lo, o jogador flexiona o cotovelo do braço que executa, junto ao tronco, e ergue a mão ao lado, formando o que se convencionou chamar "bandeja" (Figura 7):

---
[37] FIUZA *et al.*, 2017.

Figura 7 – gesto ideal do ombro

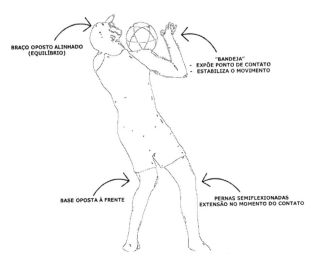

Fonte: o autor

A impulsão da bola se dá pelo movimento das pernas. Com o ombro estável, tronco ereto e equilibrado, o jogador lê a trajetória, estende os joelhos e bate na superfície inferior. Desequilibrar ou mexer o ombro pode causar uma compensação desnecessária, que impacta no direcionamento.

A peitada é a mais controversa. Todo praticante cobiça sua proficiência, afinal, sua proficiência é uma espécie de símbolo estético do futevôlei bem jogado; porém, exige capacidades físicas muitas vezes vinculadas a aptidões individuais – hereditárias e biológicas – que impedem a conquista do padrão ideal de movimento.

Para posicionar-se sob a bola em queda e acertá-la com o osso esterno exposto, criando ampla e segura superfície de contato, é preciso subverter a lógica inicial dos fundamentos anteriores. Ao invés de flexão, extensão do quadril; o tronco não mais ereto, e sim arqueado pela extensão da coluna vertebral.

A flexão de pernas, afastadas e paralelas, é mais acentuada com o recurso da elevação dos calcanhares, transferindo o peso para a ponta dos pés. A contração dos músculos abdominais é imprescindível para estabilizar, sustentar e proteger a coluna (Figura 8):

Figura 8 – gesto ideal da peitada

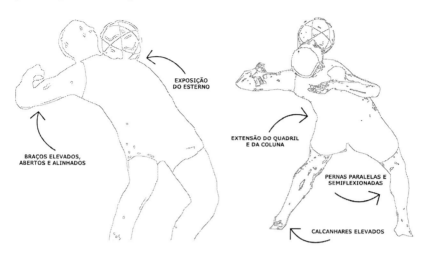

Fonte: o autor

O momento do impacto é comparável a um gatilho, complexo pela quantidade de ações simultâneas com alta exigência de capacidades como potência, reação, agilidade, flexibilidade e mobilidade. Impulsiona-se o corpo com a rápida extensão das pernas associada à abertura dos braços (cotovelos flexionados) na altura dos ombros, contraindo as escápulas em explosão para dar altura. O direcionamento se faz pelo ajuste da orientação corporal, apontando para o quadrante de excelência – central, próximo à rede.

Além de características individuais que podem limitar, ou até impedir, o praticante da execução ideal, as competências cognitivas também exercem influência relevante. A peitada eficiente requer explosão no tempo certo; caso se precipite, o jogador atinge o ponto alto do movimento antes de a bola chegar, desperdiçando força – ao invés de bater, domina; caso se atrase, pode desviar-se do contato com o osso esterno.

Bem executado, o peito é o que melhor atende aos princípios de altura e direcionamento, sendo o fundamento prioritário tanto no controle como na construção. Há momentos nos quais a peitada também se torna subterfúgio ofensivo: o jogador simula a levantada, altera o movimento repentinamente e pinga de segunda. Um clássico.

No peito, podemos considerar gesto parasita a compensação com o tronco, e consequentemente com a coluna, no momento de projetar a bola para cima. Sem conseguir potência na extensão de pernas e na contração escapular, é um erro comum terminar o movimento com sobrecarga na região lombar.

É evidente que a peitada se torna um fundamento menos frequente entre as jogadoras. Aquelas que se veem impedidas fazem do ombro a alternativa, tornando-se peritas nesse gesto aplicado à recepção, à defesa e à levantada. Porém, não é incomum observar mulheres adaptando o movimento e executando a peitada, o que em geral passa pelo leve reposicionamento do ponto de contato da bola com o esterno (na parte superior do corpo desse osso).

Assim como o pé, a cabeça também proporciona diversidade de aplicações em todas as tarefas, à exceção do saque. Não é recomendável para a recepção, mas é válida em contextos de defesa e levantada, e a principal arma de ataque.

O movimento básico descrito por Fiuza *et al.*[38] envolve as estabilizações da região cervical e postural. Assim como na técnica do ombro, o impulso se faz partindo da flexão para a extensão de pernas e quadril.

As mãos se posicionam ao lado da cabeça, flexionando os cotovelos na altura dos ombros para controlar o gesto, como se fizessem a mira do objeto. Os pés ficam em geral afastados com base na linha do quadril, paralelos ou com o do lado dominante um pouco à frente, para complementar o equilíbrio (Figura 9):

---

[38] FIUZA *et al.*, 2017.

Figura 9 – gesto ideal da cabeça

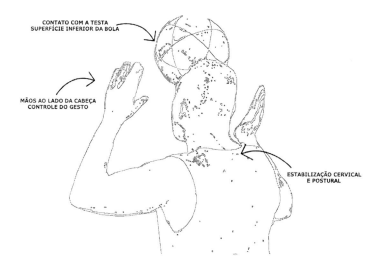

Fonte: o autor

Para atacar, a exigência física é maior, pois acrescenta habilidades motoras fundamentais como piques e saltos, cada um com suas mecânicas específicas. Em condições ideais durante a tarefa de finalização – bola bem posicionada em relação à quadra e à rede –, busca-se o máximo rendimento físico para alcançá-la em um ponto alto e ampliar as possibilidades ofensivas.

Conforme o tipo de ataque, haverá adaptações no gesto, principalmente pela variação do ponto de contato com a bola por meio dos movimentos de pescoço. Em todas as demais tarefas com a cabeça, deseja-se o contrário: fora a finalização, o ideal é estabilizar o pescoço para melhor direcionar o passe.

Há pelo menos duas capacidades cognitivas e psicológicas que, reunidas, são vitais em todos os fundamentos listados anteriormente, alimentadas pela visão: foco e concentração. Devido às trajetórias sinuosas, efeitos e mudanças de peso e velocidade características da bola de futevôlei, o jogador deve manter os olhos fixos nela até que seja finalizada a execução do gesto, ativando a visão periférica para ampliar a percepção dos espaços e dos posicionamentos dos demais.

SAQUE

As tarefas foram objeto de capítulos anteriores, integrando as cinco dimensões de estudo, sem aprofundar suas peculiaridades. A ideia agora é analisá-las conforme os objetivos e as necessidades de cada, começando pelo saque.

O saque inicia o primeiro ciclo (ou o Complexo I), conforme a categorização que vem dos estudos sobre o vôlei. O jogador responsável pela tarefa pode posicionar a bola no fundo da quadra, após a linha de fundo, erguendo com os pés o morro de areia em qualquer ponto entre a sua linha lateral e a linha imaginária que divide a quadra – portanto, em uma área que se estende por 4,5 metros.

Como já vimos ao abordar recentemente os gestos técnicos, há diversas maneiras de se realizar essa ação, desde variações nos pontos de contato do pé com a bola, até a habilidade de controlar a velocidade, o peso e, eventualmente, o efeito na trajetória.

Moraes[39] destaca algo pertinente também ao futevôlei: o saque assume um papel muito importante como gerador de constrangimentos à organização ofensiva adversária. Afinal, ele pode provocar a quebra da recepção, induzindo a erro de execução que resulte em ponto ou em devolução "de graça".

Essa é uma das máximas inerentes aos JECs. Não basta apenas manter-se organizado, mas também é preciso provocar desequilíbrio na ordem do oponente. Por isso, a estratégia de saque pode levar a dupla a controlar os processos ofensivos do adversário, ditando em que pontos da quadra acontecerão as sequências, e proporcionando assim antecipar tendências.

Quanto ao tipo, existem dois principais, popularmente conhecidos como "rodado" e "reto" (ou "chapado", por ser utilizada a batida com a chapa). No primeiro, a bola gira ao redor do próprio eixo, produzindo uma trajetória curva menos complexa para quem vai receber, sendo o mais indicado para confrontos entre iniciantes.

---

[39] MORAES, 2009, p. 56-63.

No saque reto/chapado, a bola praticamente não se movimenta na relação com o próprio eixo, mas dependendo da potência aplicada oscila enormemente em altura e direção, realizando efeitos que às vezes nem o autor da ação imaginava no momento da batida.

Em ambos – rodado e reto –, é possível equalizar a potência, sempre levando-se em consideração que no segundo a dificuldade é geralmente maior, tanto para executar (mais suscetível a erros) como para receber. Quanto à potência, portanto, o saque pode ser configurado como potente/pesado ou flutuante/leve.

O jogador que consegue praticar diversos tipos conforme a circunstância e o condicionamento que pretende impor ao adversário é capaz de criar desordem no lado de lá da quadra. Sem conseguir identificar um padrão, a dupla rival fica em dúvida sobre onde se posicionar e como orientar o corpo inicialmente.

Cada variação depende do ponto de contato com o pé e da força aplicada. Mesmo com a bola sobre o morrinho, a leve flexão da perna de apoio é recomendável para garantir a batida na superfície inferior, aumentando o controle de erros. Alguns mantêm o pé parado no chão, outros dão um ou dois passos antes – nesse aspecto, o que conta é como o jogador se sente mais à vontade, não há um procedimento único.

O direcionamento, assim como o tipo e a potência, faz parte da estratégia. Sacar em qual adversário? Aberto? Fechado? No fundo? Próximo à rede? Entre os dois? Potente? Com efeito? Flutuante? No pé não dominante? Cada escolha implicará um resultado diferente, que pode ser imaginado conforme a decisão tomada e a execução, induzindo o adversário – se for bem-sucedido – a fazer aquilo que se deseja.

Capacidades psicológicas como concentração, foco, autoconfiança e autocontrole tomam grande proporção durante o saque, pela influência de fatores como diferença de pontuação, cronologia de acontecimentos recentes, postura dos adversários e de eventuais torcedores, todos eles potenciais agentes de distração e desequilíbrio emocional. Esse tema será em breve debatido, com amparo teórico, na sequência do livro.

No momento do saque, a referência é a rainha Hortência, atuando pela seleção brasileira feminina de basquete que, antes de lances livres, dava um longo suspiro, como que alinhando corpo e mente para concentrar-se na execução do gesto perfeito. Só depois de liberar todo o ar ela arremessava a bola na cesta com precisão.

RECEPÇÃO

Sendo o primeiro toque após o saque, a meta para operacionalizá-la é controlar a bola, possibilitando ao levantador boas condições na sequência. Embora seja um ciclo mais previsível e estável – o adversário lança de um ponto fixo –, não significa ser fácil.

Pelo contrário. A recepção é o momento mais crítico para recém-iniciados, pela alta exigência cognitiva que precisa ser desenvolvida pela prática na modalidade. Percepção, antecipação, processamento, leitura e tomada de decisão assumem grande relevância para que o jogador reaja com velocidade e eficiência. Qualquer passo em falso motivado por erro no cálculo da trajetória ou do peso da bola pode ser irreversível, pelo tempo reduzido para correção.

O cenário ideal é receber com o peito – região com maior e mais regular superfície de contato, fatores que facilitam o controle da altura e do direcionamento. Recepções com o ombro e com a cabeça também são comuns; no primeiro caso, procura-se "abrir a bandeja" para ampliar a área, evitando gestos parasitas como a rotação; no segundo, é preciso estabilizar o pescoço para não desviar a bola do direcionamento de excelência.

Moraes[40] lembra que a qualidade da recepção estabelece o ritmo do ataque, regulando o tempo e a ocupação de espaços na continuação do ciclo até a finalização. Se o toque de controle não consegue atingir seu objetivo, a construção passa a ser conserto, comprometendo o processo ofensivo.

O autor ressalta estudos que atribuem à relação saque-recepção o momento crítico do jogo de vôlei, porque o ataque (Complexo I), estatisticamente, resulta em mais pontos naquela modalidade do que o contra-ataque (Complexo II), devido ao contexto de imprevisibilidade e instabilidade já mencionado algumas vezes. Podemos supor que esse cenário se reproduz no futevôlei.

A recepção perfeita potencializa a finalização também sob condições perfeitas. Para isso, conta a sintonia entre a dupla, cada um conhecendo as

---

[40] MORAES, 2009, p. 63-67.

características do outro e antecipando o resultado da ação enquanto ela se desenrola, o que pode ser facilitado pela adoção de um plano de jogo prévio – mapear situações e definir comportamentos prioritários.

Além da altura e do direcionamento, não se pode ignorar o princípio fundamental da aproximação, em especial quando o nível técnico está abaixo do avançado/profissional. Nesses casos, os jogadores iniciantes e intermediários, mantendo-se entre 3 e 4,2 metros, previnem-se de erros e aumentam a chance de eventuais correções no segundo toque.

O posicionamento da bola no saque, as características do sacador, o tipo de saque, quem recebe e em que local da quadra são determinantes à recepção. Todos esses fatores devem integrar o processamento das informações prévio ao contato com a bola, para diagnosticar o que deve ser feito e executar com correção.

Powell[41] fala sobre a "posição de expectativa" no vôlei (*"ready position posture"*, em inglês), conceito também utilizado no tênis. Embora diferencie variações conforme a posição do atacante, da bola e do defensor, o autor enumera o equilíbrio – com pernas semiflexionadas e afastadas na linha dos ombros –, o peso corporal entre as partes média e anterior da planta dos pés e os olhos focados no atacante entre os requisitos[42]. Ou seja, não apenas questões posturais, mas também cognitivas.

A posição de expectativa mantém o jogador preparado para uma reação mais ágil. Alguns não apenas transferem o peso para a parte da frente dos pés, elevando os calcanhares, como também praticam o *"skip"* – pequenos e rápidos saltos alternados – no momento prévio à ação, o que facilita a aceleração na largada.

Assim como no vôlei e no tênis, é preciso realizar pequenos ajustes na posição de expectativa, conforme o contexto da jogada. Haverá nuances nas posturas básicas quando o jogador estiver recebendo saque, e quando estiver defendendo ataques.

---

[41] POWELL, Joan. Diggin. *In*: LENBERG, Kinda S. (ed.). *Volleyball Skills & Drills*. American Volleyball Coaches Association. Estados Unidos: Human Kinetics, 2006.

[42] *Ibidem*, p. 93-94.

LEVANTADA

O levantamento é a tarefa intermediária no processo ofensivo, tanto no primeiro como no segundo ciclo – após a recepção ou a defesa. Sua qualidade está diretamente ligada a uma recepção prévia perfeita, assim como o sucesso do ataque em muito depende da levantada de excelência.

Moraes[43] afirma que o levantamento é o mais difícil de se quantificar objetivamente a eficácia, porque boa parte da avaliação recai em aspectos subjetivos. Percebe-se o mesmo no futevôlei – tanto é verdade que a metodologia de coleta de dados e análise que será exposta adiante não contempla a medição da levantada, por não produzir informação significativa.

Estar fortemente ligada à recepção torna a construção um ambiente mais aberto ao uso de outros gestos técnicos. Embora a peitada seja o fundamento idealizado, a condição imposta pelo primeiro toque pode restringi-la, abrindo espaço para a chapa, a coxa, o ombro ou a cabeça.

O objetivo é, apesar de qualquer dificuldade anterior – sob a "crise de tempo" eventualmente ditada por incorreções na velocidade da bola, sua trajetória e/ou direcionamento   , construir o ataque em condições perfeitas ao parceiro. Reitera-se o valor da sintonia entre a dupla, pois conhecer as preferências de quem vai atacar interfere na decisão que será tomada.

E o cenário idealizado é o Quadrante Alto Central (QAC), apresentado no capítulo sobre a Dimensão Espacial. A Zona de Excelência. Caso o primeiro toque tenha falhado em alcançar a meta (controlar com altura e direção), a levantada se torna conserto, aumentando para dois os objetivos da tarefa: manter a bola em jogo e, a partir disso, construir a oportunidade para finalizar.

Contam ainda questões de estilo, provocadas pela soma das habilidades na dupla. As características técnicas, físicas, cognitivas e psicológicas de cada jogador em interação, desenvolvendo sintonia e compreensão mútua, pode levar a ajustes que fujam de um determinismo conceitual sem deixar de ser eficazes.

---

[43] MORAES, 2009, p. 68.

Por exemplo, não é incomum observar duplas que utilizam levantadas rápidas, como nos ataques do central ("meio-de-rede") no vôlei. Isso acontece quando o levantador ajusta a velocidade da bola à condição na qual o parceiro atinge melhor desempenho, ou vice-versa (o atacante se adapta ao tipo de levantada). São adaptações inteligentes, que buscam explorar o máximo potencial de cada um.

Por isso, os quadrantes dos corredores laterais na linha alta (QAD e QAE) podem ser considerados Zonas Razoáveis, como conceitua no vôlei Moraes[44]. Mesmo fora do QAC, porém, próximos à rede e com altura suficiente, os ataques de ponta são perigosos. Nas linhas média e baixa, entretanto, nenhum quadrante é recomendável para o levantador direcionar.

---

[44] MORAES, 2009, p. 104.

12

ATAQUE

Ataque é sinônimo de finalização, seja no primeiro ciclo, seja no segundo (contra-ataque). É quando a dupla, mesmo sem completar os três toques regulamentares, devolve a bola à quadra adversária com intenção de pontuar. Se não marcar diretamente, o ataque pretende causar desequilíbrio na organização adversária.

Quanto ao resultado, o ataque pode terminar em ponto direto; em defesa que inviabilize contra-ataque/devolução (ponto por erro forçado); em defesa que permita devolução com menor grau de dificuldade (bola fácil ou "de graça"); em defesa que construa contra-ataque de excelência (situação de maior risco); ou ainda em erro, com ponto cedido ao adversário (atacar para fora/na rede/tocar o corpo na rede/não devolver). Quanto às zonas, ele pode ser central (QAC – de Excelência) ou de ponta (QAD/QAE – Razoáveis).

Seguindo a lógica de correlação entre os eventos, a qualidade do ataque depende fortemente da levantada ideal, que posicione o jogador responsável pela ação na linha alta e, preferencialmente, no centro, próximo à rede, com tempo para executar o gesto perfeito. Quando há tentativa de bloqueio (com os pés, confrontando um eventual *shark* ou similar), existe interação de oposição, caso contrário, os adversários vão se posicionar conforme a leitura do contexto para tentar a defesa.

É na tarefa de finalização – o próprio nome diz – que culmina todo o processo ofensivo, a partir das relações de cooperação e oposição, orientando-se permanentemente pelos princípios fundamentais de altura, direcionamento e aproximação. Bola para o alto. Gestão do tempo-espaço, enfim.

Como já foi superficialmente falado no item anterior, o ataque pode variar em tempo – trajetória da bola entre o toque do levantador e o do atacante (de rápido a lento) – desde que sua velocidade não seja fator de constrangimento à execução ideal. Moraes[45] destaca em seu estudo sobre o vôlei que, além do entrosamento, a percepção sobre a organização defen-

---

[45] MORAES, 2009, p. 108-109.

siva adversária, a estratégia estabelecida para o jogo e as condições físicas e psicológicas do atacante influem no resultado.

O repertório, potencializado pelos fatores recém-expostos, ganha extrema relevância no futevôlei de alto nível. Variações de tempo/velocidade, dissimulação da intenção até o momento do toque (súbitas execuções dos gestos, principalmente duplos movimentos de pescoço) e capacidade de direcionar a diferentes zonas da quadra adversária são alguns dos catalisadores da eficácia na ação.

A intenção é impedir que os oponentes antecipem/percebam/reajam para defender, e as chances aumentam quando se consegue induzi-los a reproduzir comportamentos desejados. Convencê-los de que controlam a situação, quando na verdade estão fazendo aquilo que o atacante quer para abrir o espaço onde será marcado o ponto.

Para definir os tipos de ataque, considera-se a questão espacial, seguindo as referências dos quadrantes no lado adversário (Figura 10).

São três os ataques curtos:

- Diagonal Curta: quadrante na linha alta do lado oposto ao atacante (QAD ou QAE), geralmente potente, no cenário ideal mantendo a orientação corporal à frente e atingindo a bola com o ponto logo acima do olho para direcionar, com movimento lateral de pescoço; alguns jogadores, dependendo das circunstâncias, preferem redirecionar o corpo – no ar – para a diagonal e atingir a bola com o centro da testa, "empurrando" para o quadrante desejado, o que pode facilitar a leitura do gesto pela defesa;

- Pingo de Meio: direcionado ao QAC rival, em geral sem peso – a bola apenas contorna a fita e cai. Há diferentes mecânicas para executá-lo, conforme as características físicas, cognitivas e técnicas do autor; recolher as pernas no momento do toque, elevar as mãos e movimentar o pescoço são recursos comuns;

- Pingo para Trás: no quadrante da linha alta em frente ao atacante (QAD ou QAE); o princípio é o mesmo da diagonal curta, se o levantamento for central – manter a orientação corporal para mascarar a intenção, e no momento do contato acertar a bola acima do olho, com uso do pescoço para direcionar. Se o ataque for de ponta, perde-se espaço para esse tipo de gesto, tornando-se semelhante ao pingo de meio;

Outros três são os ataques longos:

- Diagonal Longa (*Lobby*): na linha baixa adversária, corredor oposto ao do atacante; pode ser potente ou manter a bola suspensa por mais tempo, em trajetória curva que encobre o marcador. Exige força para conseguir direcionar a bola realmente à zona mais profunda da quadra, caso contrário, facilita a defesa proporcionando ajuste para o primeiro toque com as partes superiores do corpo;

- Meio-Fundo: no QBC, o centro da linha baixa, também variando em velocidade da bola. É o preferido de quem alcança alta potência, criando grande constrangimento para a defesa pela força e pela trajetória em descendente rápida. Também pode ser usada a suspensão prolongada, porém, corre-se o risco de dar tempo à contenção pelo oponente;

- Paralela: na linha baixa, no corredor em frente ao do atacante; também se usa mais a potência nesses casos, facilitada pela menor distância entre o ponto de contato e a zona na quadra oposta.

Figura 10 – Tipos de ataque conforme a zona de direcionamento

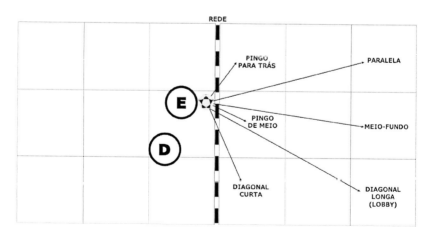

Fonte: o autor

Nos três quadrantes da linha média, a incidência de ataques é proporcionalmente menor (dados coletados serão apresentados no capítulo sobre a metodologia de análise). No alto nível, os jogadores são precisos no direcionamento dos seis tipos de ataques descritos, colocando bolas rentes à rede nos ataques curtos, e próximas à linha de fundo nos longos.

Quando o direcionamento da finalização é na zona média, a observação indica a predominância de ataques potentes quando o jogo é de nível avançado, ou com cabeceios para baixo (frutos de grande impulsão e explosão), ou com o uso do pé em acrobacias, como o *shark*. Em ambos os casos, se bem executados, criam extrema dificuldade à defesa, devido à velocidade com que a bola cumpre sua trajetória.

Já em nível intermediário, o *scout* realizado em dezenas de jogos demonstra que os ataques na linha média são fruto de erros na execução: ou foram mentalmente concebidos como curtos, mas abriram demasiadamente a trajetória; ou foram idealizados para chegar até a linha baixa, mas falharam na força, caindo antes.

Competências cognitivas como leitura e reação, proporcionadas em grande parte pela visão periférica, permitem ao atacante tomar a decisão enquanto executa o movimento, com a habilidade técnica e a capacidade física (agilidade, flexibilidade, mobilidade) no desfecho. É preciso, ainda, estar psicologicamente atento, concentrado, motivado e confiante para acreditar no êxito, sob controle do estresse e da ansiedade em um momento crítico, evitando o erro e finalizando em ponto.

DEFESA

Defender é, acima de tudo, impedir que o adversário pontue. Primeiro toque do segundo ciclo tem como objetivos secundários não apenas evitar que a bola encontre a areia, mas também controlar e direcionar. Ou seja, a ação precisa assegurar a lógica sequencial idealizada – bola para o alto, para a frente e pelo meio, regulando sua velocidade (peso) e retirando qualquer eventual efeito (rotação, por exemplo), permitindo que o parceiro execute a levantada em situação ideal, ou eventualmente o ataque de segunda.

A estrutura funcional do futevôlei cria um contraste com o conceito de defesa no futebol, esporte com o qual o público está mais familiarizado, pela sua popularidade. Enquanto nos gramados defender é uma ação que se faz sem a bola, nas quadras de areia, impedir o ponto é o primeiro passo da fase ofensiva, condicionando o levantamento.

Questões relativas às estratégias defensivas serão expostas no capítulo sobre modelação tática – logo a seguir. Tecnicamente, a execução da tarefa em geral se dá com os pés, quando o adversário consegue forçar a trajetória descendente da bola. Reitera se, cntrctanto, que a meta sempre é reagir com velocidade suficiente para defender com as partes superiores do corpo.

Existem diversas técnicas, algumas já descritas anteriormente quando falamos sobre a mecânica dos gestos. Vale lembrar que o uso da chapa em situações defensivas não é recomendável contra os ataques curtos, com bola em queda rápida e rente à rede. Em geral, esses casos exigem o apoio da perna não dominante com o joelho na areia, enquanto usa-se a parte superior do pé para acertar a superfície inferior da bola e fazê-la subir.

Em tentativas acrobáticas de se evitar o ponto - por exemplo, ao ser encoberto por um *lobby* –, usar a chapa costuma ser exitoso quando se retira o pé de apoio do chão, saltando para efetuar a "alavanca" (movimento contínuo direcionando a bola para cima).

Bem posicionado, entretanto, o defensor pode interceptar ataques ainda no alto, colocando a serviço o peito, o ombro ou a cabeça, com a intenção de absorver o impacto (controle de velocidade) e utilizar a própria força da bola para devolvê-la ao ar, economizando energia. Estabilidade, equilíbrio e "tempo de bola" são fundamentais para a correção do gesto.

Como acontece na recepção, a "posição de expectativa" inicial ao processo defensivo, em alerta, focado, com pés ativos, pronto para disparar em qualquer direção, é um facilitador tanto na velocidade de reação como na mecânica do gesto ideal.

A dupla que ataca também deve manter-se alerta, em especial o levantador – reposicionando-se ao invés de apenas assistir à ação do parceiro –, porque eventualmente a dificuldade imposta ao defensor pode forçá-lo a devolver a bola de primeira, mesmo que sem intenção, o que às vezes resulta em ponto.

Como em todos os aspectos, a qualidade da defesa está diretamente associada ao nível dos jogadores envolvidos. Os dados de *scout* coletados demonstram que no nível intermediário o percentual de eficácia defensiva é maior, o que acontece porque os ataques têm menor poder de dano.

No nível avançado/profissional, a fluência do processo ofensivo, de excelência frequente em todas as fases operacionais (defender, controlar, construir e finalizar), proporciona ataques ideais. Com alta técnica, condicionamento físico, capacidade de processamento das informações, repertório e fortaleza emocional, o atacante eleva o grau de dificuldade para a ação defensiva.

A defesa ideal é aquela que direciona a bola à Zona de Excelência (QAC), com altura e regulação da velocidade/peso; dependendo das circunstâncias, com a imprescindível aproximação entre os jogadores, os quadrantes da linha média (central e o relativo ao corredor do levantador – QMC e QMD ou QME) podem ser considerados Zonas Razoáveis. Se não atender a esses princípios, forçará a dupla a uma ação de conserto na sequência.

14

EXIGÊNCIAS FÍSICAS

Existem poucos estudos centrados no vôlei de praia, e praticamente não houve produção acadêmica sobre o futevôlei até então. São raras as referências que podem ser consultadas ao abordarmos a competência física em esportes disputados em duplas na areia, com estrutura e dinâmica funcional análogas.

A especificidade imposta pelo terreno de jogo, nesse caso, é fundamental. Se nas competências táticas/cognitivas, técnicas/motoras e psicológicas as comparações com outras modalidades são mais naturais, a influência da areia sobre as exigências físicas enfrentadas pelos jogadores diminui o intercâmbio de conceitos com o futebol na grama ou o vôlei na quadra de piso duro, por exemplo.

Marques Júnior[46] lembra que à areia soma-se outro fator externo inerente a um esporte tradicionalmente disputado em praias: o forte calor com alta exposição aos raios solares. Devido à sua dinâmica, proporcionando rallys frequentes (sequências de contra-ataques), a disputa se dá em alta velocidade e intensidade.

Segundo Arruda e Hespanhol[47], no vôlei de praia, um rally requer em média cinco ações de intensidade máxima (saltos e deslocamentos) para cada três ações de intensidade submáxima a moderada (gestos técnicos com base estável). Em geral, partidas amadoras têm duração entre 10 e 15 minutos, restritas a um set, mas em competições profissionais que preveem melhor de três sets, o tempo jogado pode se aproximar de uma hora.

A explosão é fortemente requerida em gestos e tarefas, como visto na mecânica da peitada, por exemplo, ou do ataque fulminante. Para deixar claro o conceito, resumidamente, a potência muscular pode ser definida

---

[46] MARQUES JÚNIOR, Nelson Kautzner. Um modelo de jogo para o voleibol na areia. *Revista da Faculdade de Educação Física da Universidade Estadual de Campinas*, Brasil, v. 6, n. 3, p. 11-24, 2008.

[47] ARRUDA, Miguel de; HESPANHOL, Jefferson Eduardo. *Fisiologia do Voleibol*. Brasil: Phorte, 2008 *apud* JÚNIOR, 2008, p. 12.

como a capacidade de se executar a força máxima no tempo mais curto, combinando velocidade, esforço e coordenação.

Bompa[48] categorizou diversos tipos de potência, distribuindo-as conforme as modalidades esportivas em que são evidentes. A partir daquelas que o autor relacionou com o futebol e o vôlei[49], pode-se fazer o paralelo com o futevôlei em comportamentos análogos. São elas a força reativa, a força de aceleração, a força de desaceleração, a força-resistência e a força de lançamento.

No futevôlei, a força reativa é requerida durante as mudanças de direção, comuns a tarefas defensivas e de conserto; a força de aceleração está presente em quase todos os esportes coletivos; a desaceleração também aparece em duplos movimentos, quando o jogador acelera, é forçado a desacelerar abruptamente, e acelera novamente em outra direção; a força-resistência impulsiona os saltos, sendo decisiva nos ataques; e a força de lançamento se aplica à bola, em gestos como a peitada, onde se quer atingir a aceleração máxima no exato momento do contato.

Em um cenário fictício no qual todos os gestos são perfeitamente executados e culminam a sequência de três toques em cada ciclo (para ajudar na estimativa de ocorrência e frequência de algumas ações), um jogador que receba 18 saques do adversário saltará 18 vezes para atacar, sem contar eventuais ataques resultantes de defesas que ele execute.

Ele dará ainda 18 peitadas para receber, assim como seu companheiro, outras 18 peitadas para a levantada. Levando-se em consideração os contra-ataques e demais movimentos nas diferentes tarefas, as exigências físicas se ampliam da potência para outras capacidades, como a resistência, a velocidade de reação, a mobilidade, a agilidade, o equilíbrio e a flexibilidade.

Para competir em alto nível, o treinamento precisa atender a essas especificidades, condicionando os jogadores às altas intensidade e intermitência das partidas. Com metodologia de referência no país, o Time Villeroy Futevôlei[50], escola e equipe competitiva nascida em Porto Alegre, promoveu em 2018 um estudo para coletar dados físicos de um jogo.

---

[48] BOMPA, Tudor Olympus. *A periodização no treinamento esportivo*. Tradução da edição americana. Brasil: Manole, 2001.

[49] *Ibidem*, p. 9-13.

[50] VILLEROY, Leonel; NUNES, Natália; GRAZIOLI, Rafael; INÁCIO, Martinho. Brazilian Footvolley: A Displacement Screening Study of a Professional National Match. *International Journal of Sports Science*, Estados Unidos, v. 8 (2), p. 63-66, 2018.

A amostragem é pequena, mas serve de referência e pode impulsionar mais pesquisas sobre o tema. Três atletas foram monitorados via localização por satélite durante uma partida. Eles também executaram duas acelerações de 10 metros, uma antes e uma depois da atividade principal, para gerar dados comparativos de velocidade.

Segundo Villeroy *et al.*[51], em média, os jogadores percorreram 633 metros durante os 20 minutos de duração do confronto, com intensidade de 39,4% da máxima capacidade de aceleração. O indicador mais relevante foi o de fadiga, com os 5,96% de redução da velocidade na medição pós-jogo.

Esse valor foi comparado ao apresentado por atletas de futebol profissional de elite após 45 minutos de uma etapa, que pode chegar a apenas 2,6% de redução da velocidade. Com isso, os autores reforçam a percepção inicial do capítulo sobre a influência da areia sobre o indicador de fadiga, um terreno que eleva intensidade e consumo de energia mesmo abaixo da velocidade máxima.

Voltando ao livro de Bompa[52], a fadiga muscular não significa apenas desgaste e redução na taxa de recuperação, também impacta na coordenação e na produção de potência. Ou seja, ela está diretamente ligada à eficiência e à eficácia no futevôlei: quanto mais se eleva o indicador de fadiga durante uma das tantas sequências intensas de ações, maior é a probabilidade de erro na execução do movimento.

Fica ainda mais evidente algo que foi reiterado desde as primeiras linhas do livro até aqui: a interdependência de todos os fatores envolvidos. Pois vejam: de que forma podemos regular o alto desgaste, além do bom condicionamento físico?

Com o condicionamento tático. Entender o jogo para jogar melhor. A compreensão sobre a estrutura, a dinâmica funcional, as necessidades e as oportunidades na gestão do tempo e do espaço potencializa o acerto em posicionamentos, movimentos e execuções, economizando as competências físicas.

A sabedoria popular, muito presente na cultura de arquibancada brasileira, produziu o dito "ele vai no atalho". É quando alguém atribui a um jogador de futebol, experiente, a capacidade de antecipar situações e poupar energia ao movimentar-se menos e produzir melhor que os outros

---

[51] VILLEROY *et al.*, 2018, p. 64-65.

[52] BOMPA, 2001, p. 231.

(a máxima certeza, com mínimo gasto energético e mínimo movimento, conceitos abordados na página 30).

Sair do lugar certo para o próximo lugar certo, manter a aproximação, progredir pelo centro, circular a bola pelo alto, controlar e construir com excelência para chegar à finalização ideal, prevenir-se de ameaças, explorar fraquezas do outro lado da quadra... enfim, tudo se resume a saber o que se deve fazer: coletar informações, processar os dados, interpretar, contextualizar, tomar a decisão acertada e agir com eficiência, eficácia e adaptação.

COMPETÊNCIAS PSICOLÓGICAS

O estudo de Stefanello[53] sobre as competências psicológicas no vôlei de praia é a referência teórica, pela óbvia proximidade entre as duas modalidades, ambas inspiradas na dinâmica e na estrutura funcional do vôlei, predominantemente disputadas em duplas, no piso de areia e sob calor. Os conceitos apresentados pela autora integram o seu Programa de Treinamento de Competências Psicológicas (PTCP)[54], e já foram motivo de análise prévia neste livro.

Segundo Stefanello[55], as competências psicológicas contempladas no programa são atenção/concentração, imaginação, autoconfiança, motivação, ativação, controle de estresse/ansiedade e controle do pensamento.

Resumindo, atenção e concentração controlam e alternam o "foco atencional". Em nível competitivo, o ambiente oferece diversos estímulos sensoriais que podem interferir, desde a posição do sol, ou a direção e a velocidade do vento, passando pelo tipo de areia, até a presença (ou ausência) de torcida, entre outros. Por vezes, uma situação exige que se amplie a capacidade de atenção, em outras, será preciso restringir o foco; existem ainda fatores internos que podem condicionar a criação de um foco dominante nem sempre adequado à modalidade.

O importante, ao que parece, é reunir o grande acervo de informações adquiridas com a experiência competitiva para identificar os padrões de comportamento próprios e os fatores que os desencadeiam. Assim, o atleta pode se prevenir e manter a concentração e o foco atencional apropriados ao momento. Uma espécie de autoconhecimento com autoanálise, direcionada ao rendimento esportivo.

A imaginação é uma experiência multissensorial que permite criar ou recriar na mente um objeto ou evento. Recorre-se aos sentidos humanos para

---

[53] STEFANELLO, Joice Mara Facco. Competências psicológicas no Vôlei de Praia de alto rendimento: síntese e recomendações para treinamento. Motriz. *Revista de Educação Física*, Rio Claro, v. 15, n. 4, p. 996-1008, 2009.

[54] *Ibidem*, p. 997-998.

[55] STEFANELLO, 2009, p. 1000-1006.

conceber as qualidades daquilo que será representado em imagem mental. Conforme Stefanello[56], com a imaginação é possível elaborar estratégias, antecipando as diferentes possibilidades, como em um filme do que se deseja; também é uma forma de avaliar de forma clara as decisões tomadas no jogo e suas consequências, arquivando as cenas do que deu certo e editando mentalmente o que deu errado para a futura correção.

Autoconfiança é uma competência psicológica imprescindível ao rendimento esportivo em alto nível. Ela ativa emoções positivas e pode influenciar no sucesso aumentando o esforço, o ímpeto e a concentração.

Da mesma forma, a motivação também é um impulso interno, que leva à ação. O atleta deve, acima de tudo, encontrar maneiras de se motivar. Não apenas no esporte, mas em diversas áreas de atuação humana, estabelecer metas é uma forma de manter a motivação alta, mobilizando esforços para atingi-las.

A ativação tem duas perspectivas, a fisiológica (tensão muscular, energia mobilizada, coordenação) e a cognitiva (foco, processamento das informações, leitura e tomada de decisão). Stefanello[57] a define com a expressão "grau de prontidão", lembrando a "posição de expectativa" ilustrada recentemente aqui.

Por outro lado, tensão, nervosismo, apreensão e preocupação devem ser evitados, por isso, o autocontrole é fundamental, para lidar com situações de estresse com potencial de gerar ansiedade. Nesse caso, aplica-se uma frase atribuída popularmente ao célebre pensador francês André Gide[58], "As coisas apenas valem pela importância que damos a elas".

Ou seja, nós é que atribuímos valor a uma situação. Quantas vezes assistimos a jogadores, em treinos ou partidas, perderem o equilíbrio após um erro cometido? Ao invés de esquecer o que passou, ficam remoendo o lance enquanto o jogo segue, distraídos. Reduzem o próprio rendimento por se lamentar demais, dar importância excessiva ao evento anterior.

Manter a performance alta sob pressão requer o autoconhecimento mencionado antes. Aquela pessoa que vivenciou uma situação e aprendeu com ela conseguirá identificar os fatores que a desencadearam quando se repetirem, moldando suas decisões para evitar a influência negativa.

---

[56] *Ibidem*, p. 1002.

[57] STEFANELLO, 2009, p. 1004.

[58] André Paul Guillaume Gide, Nobel de Literatura (1947), viveu de 1869 a 1951, autor de diversos livros, peças e crônicas.

Essa é também a ideia central no conceito de controle do pensamento encontrado no estudo de Stefanello[59]. O atleta, ao saber como a própria mente funciona, pode "conversar consigo" para direcionar o padrão mental aos níveis desejados de motivação, atenção, prontidão e confiança. Assim, ele assume o controle consciente do processo.

---

[59] STEFANELLO, 2009, p. 1006.

TÁTICA E ESTRATÉGIA

Alguém poderia pensar que, pelo número reduzido de jogadores na comparação com o futebol (11x11) e o vôlei (6x6), o futevôlei seria um esporte essencialmente técnico, e pouco tático. Pelo contrário. A gestão de espaços pela dupla, responsável por metade da quadra (9 m x 9 m, ou 81 m²), exige planejamento prévio, compreensão do jogo, cognição apurada – principalmente percepção, leitura, antecipação e tomada de decisão –, além de adaptação e velocidade de reação, competências relativas à tática.

Organizar-se não apenas facilita a obtenção dos objetivos contidos em cada tarefa, mas também potencializa as chances de desorganizar o adversário ao finalizar o processo ofensivo perfeito com o ataque ideal. E assim se transfere a crise de tempo para a quadra adversária, resultando em ponto direto, ou quebrando a lógica sequencial para forçar o erro, e pontuar na sequência.

Garganta[60] lembra que o primeiro problema imposto ao praticante é "saber o que fazer", para então elaborar a solução por meio da seleção do fundamento que melhor atenda à tarefa. Ele diz ainda que a forma como o jogador atua está diretamente ligada à maneira como ele entende e percebe o jogo.

Por isso o estudo da estrutura funcional, dos princípios, das dimensões e das competências é tão importante. Compreender para jogar melhor. A cada situação saber, em sintonia com o parceiro, o que fazer, onde, como, por quê e para quê. Bola para o alto, para frente e pelo centro, aproximação, respostas rápidas e eficientes, precisão nos gestos, tudo encadeado sob o guarda-chuva da organização.

Pela experiência, o contato frequente com o jogo resulta em conhecimento que nos permite identificar padrões. Mesmo diante da imprevisibilidade inerente à sua estrutura, regulamentação e dinâmica, comportamentos repetidos são percebíveis e, portanto, categorizáveis como referências para o estudo da modalidade.

---

[60] GARGANTA, 2004, p. 219.

A tática está relacionada aos meios – o que e como fazer, seguindo um modelo-guia –, enquanto a estratégia se relaciona com os fins (o objetivo específico para vencer aquela partida). Uma sustenta o plano básico, a outra cria as adaptações específicas para o confronto.

O conhecimento capacita o atleta a formular o modelo de jogo, reunindo um conjunto de princípios e regras de gestão e ação, conforme Garganta[61]. Esse plano vai embasar o processamento das informações relevantes para selecionar a decisão acertada. Cria-se uma espécie de acervo mental de cenários com a solução ideal diante de cada problema, em sintonia com a dupla.

Com o planejamento tático-estratégico (elaboração do modelo de jogo), procura-se catalogar o máximo de situações previamente, e as respectivas respostas: "se ele estiver de meio, eu vou no pingo; de ponta, encurta pelo meio e eu cubro o fundo", por exemplo. A ideia é mapear as possibilidades e sincronizar respostas.

É importante ressaltar que a tática não é um inibidor da técnica. Esse debate erroneamente excludente (ou um, ou outro) existe há décadas no futebol, e não passa de uma polêmica vã, ainda mais quando se estuda o futevôlei, um esporte que privilegia o refino e a habilidade.

O improviso associado à técnica apurada sempre será bem-vindo no acabamento exitoso. Em fração de segundos, ler, analisar, tomar a decisão e executar, com o tempero da qualidade individual.

Muitas vezes, o desfecho estético fortalece as próprias competências psicológicas e impacta no controle emocional adversário: o autor de um ataque aparentemente impossível aos olhos dos outros sai ainda mais confiante e determinado, enquanto quem sofre o ponto corre o risco de se deixar intimidar.

A elaboração do modelo de jogo encontra paralelo no mundo corporativo. É possível aplicar uma técnica de planejamento estratégico muito utilizada na administração de empresas, conhecida em inglês como *Strenghts, Weaknesses, Opportunities and Threats* (S.W.O.T.), desenvolvida a partir da década de 1960 na Universidade de Stanford (EUA)[62].

Em português, a sigla significa "Forças, Fraquezas, Oportunidades e Ameaças". Na prática, a ideia é autoanalisar as virtudes (forças) da dupla para

---

[61] *Ibidem*, p. 220.

[62] WIKIPÉDIA (Brasil). *Análise S.W.O.T.* Brasil, 2006. Disponível em: https://pt.wikipedia.org/wiki/An%C3%A-1lise_SWOT. Acesso em: 27 out. 2020.

direcionar o aproveitamento das oportunidades que elas criam, assim como amenizar as fraquezas e se prevenir das consequentes ameaças associadas.

Raciocínio semelhante se faz na formulação da estratégia em um jogo, cruzando as características próprias com a análise do adversário (suas virtudes e suas fraquezas), também com a intenção de antecipar oportunidades e ameaças, e imaginar cenários ideais de solução. Veremos no capítulo sobre a metodologia de análise como a coleta e o processamento de dados pode ajudar na elaboração do plano tático-estratégico.

Esse guia de comportamentos desejáveis serve de referência ao jogador a cada momento. Toda tarefa está sujeita a grande variação de possibilidades no que diz respeito ao espaço onde vai acontecer e ao tempo de sua duração. O sistema que rege a estrutura funcional é complexo e dinâmico, exigindo alta capacidade cognitiva. Tudo começa na mente. Pensar para (melhor) jogar.

O modelo pode ser elaborado de várias formas: "botando no papel", rabiscando anotações e desenhos; usando tecnologia para produzir vídeos, animações e figuras; ou conversando, como em um pacto entre os jogadores – o formato mais comum nas quadras de areia. O mais importante é treinar com base em um plano, para aprimorar a coordenação de percepções e decisões.

Para quem observa, a estratégia defensiva é mais fácil de se visualizar, porque envolve a ocupação inteligente dos espaços com a intenção de evitar que o adversário pontue. Baseada na análise S.W.O.T., a dupla pode estabelecer como vai se distribuir na quadra, conforme o contexto.

As referências são o atacante e a bola (em relação à rede e à quadra). A partir daí, são definidos posicionamentos iniciais e movimentos para cada situação. Tudo, é claro (não custa repetir), aberto a ajustes e eventuais alterações durante a partida. Planejar não significa engessar.

A análise dos acontecimentos permanece enquanto a bola vai de lá para cá, criando alertas mentais para urgências que se apresentem. O planejamento tático-estratégico defensivo pode seguir esses questionamentos:

O que fazer quando o ataque (ou a devolução) vier do Direita/do Esquerda adversário e ele estiver:

- De meio na rede (QAC), com levantada ideal;
- De meio na rede, com levantada baixa/tempo rápido;
- De ponta na rede (QAD/QAE), com levantada ideal;

- De ponta na rede, com levantada baixa/tempo rápido;
- Na linha média (distante da rede), com bola alta;
- Na linha média (distante da rede), com bola baixa/rápida;
- Na linha baixa (fundo da quadra).

Quem ataca, de que forma, em que local (posição na quadra e distância da rede) e sob que circunstâncias (altura e trajetória da bola, distância percorrida pelo atacante etc.) são referências básicas que estruturam o modelo a partir do qual a dupla pode se guiar em qualquer confronto.

É comum que se delimitem zonas de atuação defensiva, que seguem as linhas ou os corredores da quadra. Pelas linhas, a marcação será inicialmente chamada horizontal (ou em "I"); pelos corredores, vertical (ou em "L").

Logicamente, essas orientações espaciais podem ter outros nomes/descrições, ou então ser praticadas inconscientemente com base no aprendizado pelas quadras de areia mundo afora. Não tem problema, é natural que seja assim.

Porém, sendo a proposta deste livro apresentar uma metodologia de análise de desempenho aplicada ao futevôlei, é preciso fundamentar a teoria que a sustenta. Catalogar comportamentos táticos implica batismo de padrões, desde que a lógica esteja clara e seja coerente – o que se verifica nesse caso. Na prática, chamem como quiserem, o importante é compreender o conceito envolvido.

Na marcação horizontal, um jogador prioriza os ataques curtos dos adversários (protege a linha alta, portanto) e o outro os longos (defende a linha baixa). Essa disposição é a mais observada no futevôlei de alto nível, levando a dupla a desenhar a letra "I" ao final do movimento sincronizado, cujo gatilho é o início do salto pelo atacante.

O ponto de partida é o posicionamento inicial padrão – defensores paralelos um ao outro, na linha média, com distância aproximada de três metros entre eles (Figura 11):

Figura 11 – Posicionamento inicial defensivo no momento que precede a levantada.

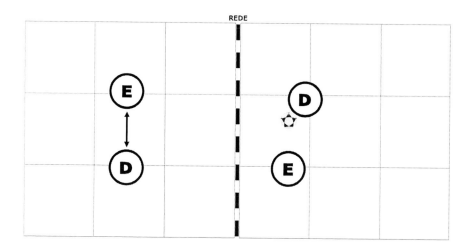

Fonte: o autor

A partir do contato do levantador com a bola, quando o atacante engatilha o movimento para finalizar, os defensores identificam o tempo certo para se dirigir às suas respectivas zonas, formando o "I" (Figura 12):

Figura 12 – Formação defensiva em "I" no momento do ataque adversário

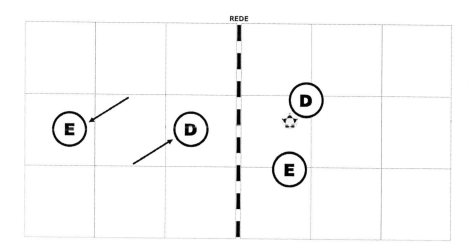

Fonte: o autor

77

Quem prioriza qual linha faz parte do planejamento, considerando-se a análise de virtudes, fraquezas, oportunidades e ameaças, que cruza as informações próprias e dos oponentes. Pode ser, por exemplo, que o Direita tenha melhor desempenho marcando ataques curtos (leitura, velocidade de reação e gesto apropriados), e o Esquerda realize boas coberturas de fundo, e assim o movimento é mantido independentemente do confronto e do atacante.

Em outros casos, o plano pode prever a alternância com referência individual, seja ela em todos os jogos ou específica para aquela partida: quem está na diagonal do atacante marca os curtos e quem está na paralela os longos, ou vice-versa, o que tem grande relevância conforme o padrão de ataques do adversário, requerendo versatilidade.

Fatores como eficiência do pé não dominante influem na escolha do espaço designado para cada um, e no movimento para se chegar até ele. Um canhoto jogando na esquerda, por exemplo, pode ter dificuldade em defender ataques longos no corredor oposto. E, se nesse ponto o adversário concentra um ataque perigoso e frequente, é melhor buscar uma alternativa.

Como já foi abordado também no capítulo sobre a defesa na dimensão tarefa, alguns determinantes dizem respeito a características físicas e técnicas do jogador, assim como a orientação corporal, posição de expectativa, ativação dos pés, atenção e concentração.

Um aspecto importante desse tipo de marcação é a escolha do momento para realizá-lo: se a dupla formar o "I" com muita antecedência, um atacante com a visão periférica desenvolvida pode perceber e identificar os pontos vulneráveis; do contrário, se atrasar demais, o tempo necessário para reagir e executar a ação se torna exíguo.

Sim, há pontos vulneráveis. As fraquezas dessa marcação baseada nas linhas estão essencialmente ligadas às distâncias percorridas: o quadrante do corredor oposto ao lado de ação de cada jogador. São dois, portanto, os pontos de ataque expostos.

Se o jogador que protege a linha alta estiver em diagonal com o atacante (Direita x Direita; ou Esquerda x Esquerda), o ataque curto "aberto" é o pingo para trás; nesse caso, para quem cobre a linha baixa, o ponto vulnerável será o *lobby* (Figura 13):

Figura 13 – pontos vulneráveis da marcação "I" por referência em diagonal

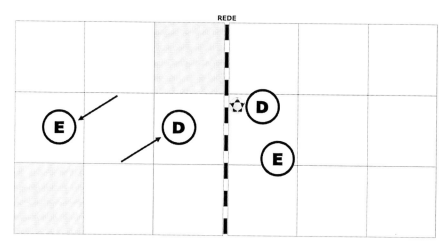

Fonte: o autor

Na situação inversa, porém, sob a mesma ótica, se o jogador que protege a linha alta está à frente do atacante (Direita x Esquerda; ou Esquerda x Direita), um ataque "aberto" será a diagonal curta, e o espaço mais vulnerável na linha baixa será a paralela (Figura 14):

Figura 14 – pontos vulneráveis da marcação "I" por referência em paralela

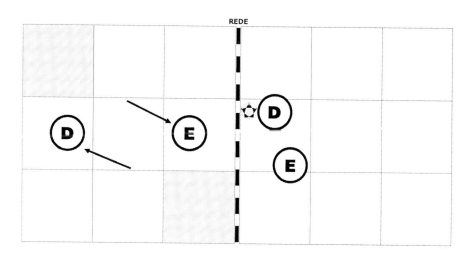

Fonte: o autor

Ataques na linha média têm responsabilidade compartilhada nesse modelo, definida pela leitura da situação (trajetória e velocidade da bola): ou o defensor da linha alta intercepta durante a trajetória, ou o que está na linha baixa se adianta e ataca a bola.

E o planejamento não para por aí. É preciso antecipar também os comportamentos relativos à sequência do lance. Depois de realizar o primeiro toque (defesa e controle), o sistema por zonas horizontais requer capacidades cognitivas, físicas e técnicas mais desenvolvidas.

Dependendo do ataque e do movimento defensivo realizado, a distância entre os jogadores pode ultrapassar os 4,2 metros estimados como limite para haver a indesejável separação. Outra consequência, caso a defesa tenha acontecido no fundo da quadra, é observar-se o levantador na linha alta de costas para a rede, o que restringe o repertório de gestos disponíveis.

Além disso, com a eventual separação entre a dupla, o levantador – mesmo que em orientação corporal contrária à lógica do jogo – precisa dar mais altura à bola, ampliando o tempo necessário à execução do ataque pelo companheiro. Essas emergências são frequentemente bem atendidas no futevôlei profissional, mas podem ser demasiadas em níveis intermediários.

Na essência, o que se pretende com a marcação relativa às linhas horizontais é equalizar as distâncias, diminuindo o risco dos "ataques abertos". Afinal, ao formar o "I" no corredor central, os jogadores estarão a 4,5 metros de cada lateral. Para esse cenário ideal se concretizar, a execução do movimento precisa ocorrer no tempo adequado.

Como sempre, o contexto estratégico serve ao ajuste do plano tático, atendendo à especificidade do confronto. Quanto mais cenários a dupla prever em seu planejamento, melhor preparada estará quando o jogo exigir determinada variação.

Já na marcação vertical – relativa aos corredores –, os jogadores se responsabilizam pelos seus lados de atuação: o Esquerda defende o corredor esquerdo, independentemente de quem ataque, e o Direita, da mesma forma, protege o corredor direito. Recorrendo à linguagem popular, "cada um cuida do seu".

Mais comum em duplas iniciantes e intermediárias, nesse sistema defensivo criam-se diversas compensações, a começar pela ocupação do corredor central. Mantendo a analogia com letras, os jogadores precisam gerenciar espaços em "L" na quadra.

O plano básico em geral prevê uma alternância entre quem defende o pingo de meio (QAC) e o meio-fundo (QBC). A primeira alternativa é definir a proteção do ataque curto para quem está na diagonal (Figura 15):

Figura 15 – marcação em "L" com encurtamento em diagonal

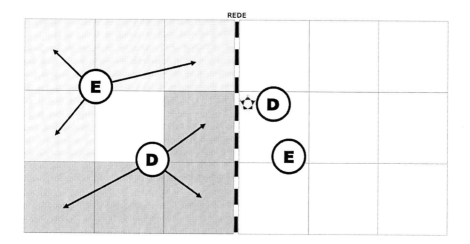

Fonte: o autor

A identificação dos pontos vulneráveis segue a mesma lógica das maiores distâncias envolvidas. Mantendo o exemplo da Figura 10, com o marcador na diagonal do atacante responsável pelo pingo de meio, e o marcador da paralela mais recuado, estão "abertos" os ataques pingo para trás e diagonal longa (Figura 16):

Figura 16 – pontos vulneráveis da marcação em "L" com encurtamento em diagonal

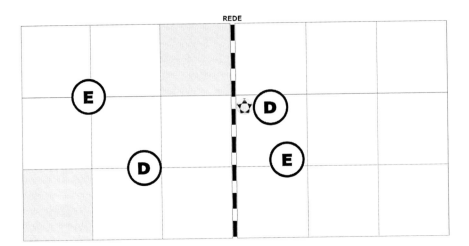

Fonte: o autor

Esse padrão (marcação em "L" com encurtamento em diagonal) é sugerido aos iniciantes, porque o *lobby* exige maior potência do finalizador para alcançar o fundo da quadra. Mesmo que direcione corretamente, a bola pode sair sem velocidade/peso, ou mais curta do que o desejado, ou cumprindo uma grande parábola (fica "pendurada" ou é "viajada"), em qualquer dos casos permitindo que o marcador mude a direção e reaja a tempo de interceptá-la.

A segunda alternativa do modelo vertical é o defensor em frente ao atacante (Esquerda x Direita; Direita x Esquerda) encurtar para a proteção do QAC, deixando com o marcador em diagonal o QBC (Figura 17):

Figura 17 – marcação em "L" com encurtamento em paralela

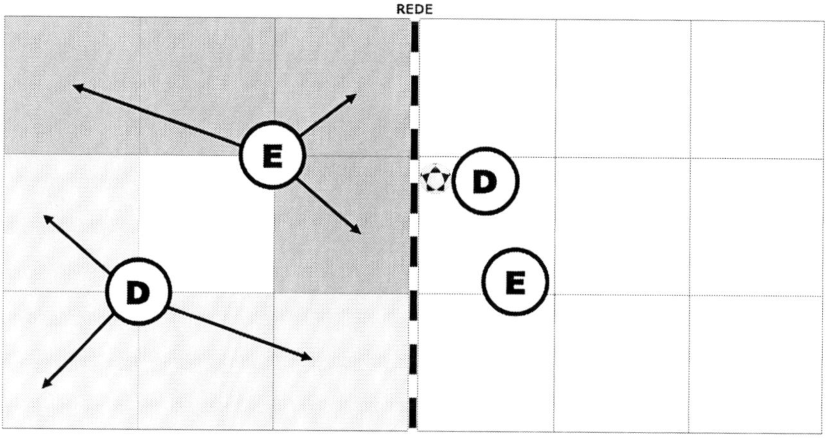

Fonte: o autor

Agora, os "ataques abertos" são a paralela e a diagonal curta. A observação demonstra que esse padrão de movimento aumenta a vulnerabilidade defensiva, quanto menor for o nível técnico da partida.

Isso porque o ataque em paralela demanda menos técnica e capacidade física para se imprimir potência e velocidade (está mais próximo do campo de ação do atacante), diminuindo as chances de recuperação daquele que encurtou em direção ao pingo de meio (Figura 18):

Figura 18 – pontos vulneráveis da marcação em "L" com encurtamento em paralela

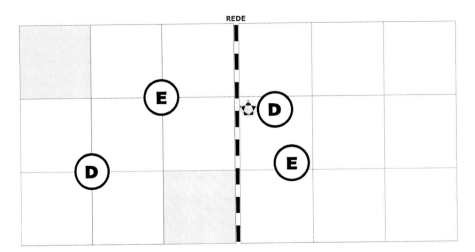

Fonte: o autor

Cada caso é um caso, a dupla que adotar organização defensiva vertical (em "L") deve estar preparada (ou seja, treinada) para executar as duas possibilidades, decidindo pela mais adequada após processar e analisar as informações. É como em uma investigação, na qual constantemente se pergunta ao jogo para obter as respostas: quais os melhores e mais frequentes ataques de cada adversário? Há padrões gestuais/técnicos que possibilitem leitura e antecipação? Reúnem-se capacidades físicas e habilidades motoras para reagir às situações mais críticas?

Podemos considerar ainda um terceiro tipo de defesa, aqui chamado "marcação intuitiva". Ela se baseia exclusivamente na leitura individual e no improviso. Quem a executa deve reunir alta competência cognitiva e repertório técnico-tático, além de grande capacidade de comunicação.

Para quem vê de fora, é como se não houvesse plano. Uma hora estão divididos pelas linhas, outra hora pelos corredores, às vezes separados, às vezes sobrepostos na mesma faixa horizontal ou no mesmo corredor. A vantagem desse método é evitar que o atacante identifique padrões e, consequentemente, dificultar a identificação dos espaços abertos.

Como os defensores comportam-se de maneiras diferentes, sem aparente lógica de orientação espacial, o adversário pode sentir dificuldades no momento de escolher o ponto e o tipo de ataque. Muitas vezes, a dupla se acerta verbalmente enquanto a jogada se desenvolve: "fica que eu vou", "não sai", "vai!", e assim por diante.

O risco desse sistema intuitivo é fracassar nas leituras, quando confrontados por atacantes com visão periférica aguçada para perceber os espaços, e habilidade no duplo movimento de pescoço. Quando isso acontece, é como nas cobranças de pênalti no futebol: goleiro de um lado (nesse caso, marcador), bola de outro.

Independentemente do plano básico, sempre se leva em consideração os ataques adversários em condições ideais ou razoáveis. Fora da linha alta, e/ou com ruído na trajetória da bola, é preciso descartar o que remotamente aconteceria.

Por exemplo: atacante corre pelo meio, bem posicionado, mas levantador acelera a bola na ponta, "espetada" entre a fita e a antena; o adversário precisa mudar a direção e precipitar o salto, forçando gesto para manter a bola em jogo. Nesse caso, a dupla precisa perceber que a bola cairá em uma zona mais restrita da quadra, não havendo necessidade de "entrar em formação" com uma cobertura de linha baixa – a bola vai cair na zona alta, ou então as leis da física seriam contrariadas.

Horizontal, vertical, intuitiva, ou qualquer denominação que se dê, esses planos defensivos são guias de comportamentos coordenados. Eles criam maneiras de se interpretar os diferentes cenários previstos e identificados no processo de leitura a partir das perguntas que se faz ao jogo:

O atacante chegou equilibrado? Está atrasado? Antecipou-se demais? Teve tempo e espaço para acelerar e saltar corretamente?

A levantada foi rápida? Lenta? Está "espetada", muito próxima à fita? Fez o atacante mudar de direção/velocidade para se ajustar?

Quanto à mecânica do movimento, qual a orientação corporal do finalizador? Qual a base utilizada para o salto – pé do lado à frente, pés paralelos ou pé oposto à frente? Que altura ele atingiu?

Repete algum padrão gestual que permita antecipar sua intenção? Em situações semelhantes, como ele se comportou anteriormente? Há um sistema de controle desse tipo de episódio – auxílio externo com coleta de dados, por exemplo – para identificar comportamentos reiterados?

Quanto à própria dupla, a organização está preservada? Algo aconteceu (por exemplo, um rally – sequência de contra-ataques defendidos) que interferiu no plano original? Em que condição física estão os jogadores?

Scaglia[63] fala sobre a "competência interpretativa". Segundo o autor, o jogador adquire a capacidade de interpretação por meio da compreensão da lógica do jogo, o que se pode chamar de "foco organizacional". Compreender para jogar melhor.

Vale lembrar ainda que a estratégia defensiva começa pelo próprio saque. Com ele é possível condicionar o processo ofensivo adversário, facilitando a antecipação do que virá a seguir. E assim se economiza tempo e energia para ler e reagir. Já ao longo do segundo ciclo, durante os rallys, o cenário é mais imprevisível para quem defende.

Ao falar sobre estratégia ofensiva, também não se pode diminuir a dimensão da análise apenas à ação de finalização. Ela se relaciona com todo o processo, pensamento que costurou a abordagem dos capítulos anteriores, cabendo aqui um resumo.

Tudo está relacionado. O ataque culmina a sequência de tarefas na relação de oposição e cooperação. No primeiro ciclo, as circunstâncias para sua realização estarão atreladas ao tipo de saque do adversário, à qualidade da recepção e do levantamento. E, no segundo ciclo, ao encadeamento consecutivo à defesa.

O que vem antes influi na zona de ataque (posição da bola em relação à quadra e à rede), no tempo de ataque (velocidade/altura da bola, distância entre levantador e atacante, e entre atacante e bola) e na consequente tomada de decisão por um determinado tipo de ataque (para onde e como será direcionada a finalização).

Dentro desse contexto de correlação entre eventos, é grande a quantidade de fatores que impõem constrangimentos ao desfecho ofensivo. Por isso, o principal aspecto da estratégia ofensiva é a variação de repertório. Qualquer jogador com cardápio limitado de finalizações pode se tornar previsível, o que demandará alta eficácia para justificar a repetição de um padrão conhecido pelo oponente.

No cenário ideal, o atacante recorre à diversidade de habilidades motoras para aumentar as possibilidades de escolha no momento do contato com a bola. Lá no alto, colado à rede, a tomada de decisão precede a execução do ataque ideal.

Autoconfiança, motivação e foco atencional também são imprescindíveis. O jogador confiante não teme a escolha de um determinado ataque;

---

[63] SCAGLIA, 2003, p. 100-109.

outro, inseguro, pode descartar a possibilidade mais adequada ao momento porque duvida de que será bem-sucedido. Existe diante da rede uma espécie de imposição psicológica, com a qual o atacante debilita o moral e o controle emocional adversários.

No que diz respeito à leitura dos espaços disponíveis, o levantador torna-se uma espécie de analista tático. Assim que faz contato com a bola e constrói a finalização, ao invés de esquecer do jogo e ficar "torcendo pelo parceiro", apenas assistindo, ele deve ao mesmo tempo assumir posição de expectativa para eventuais coberturas defensivas, e também observar os movimentos dos adversários.

Atento aos padrões defensivos na quadra oposta, o levantador pode orientar o atacante, indicando tipos de ataques com maior possibilidade de êxito: "o Direita adiantou e o Esquerda ficou te esperando, na próxima vai de pingo para trás que ficou aberto", por exemplo.

Padrões técnicos também estão sujeitos à identificação, como perceber que um oponente tem dificuldades em utilizar o pé não dominante em coberturas de meio-fundo, ou que lhe falta mobilidade em trocas de direção etc., informações que potencializam a tomada de decisão mais acertada nos próximos ataques.

Em grande parte dos duelos, um jogador é sobrecarregado pelos saques adversários, sendo ele o único atacante da dupla em situação de primeiro ciclo. Seu parceiro só consegue finalizar quando defende, ou quando ataca de segunda. Nesses casos, mais ainda o atacante precisa variar o repertório.

Existem jogadores que iniciam partidas com sequências de ataques pré-definidas. Começar com dois ou três ataques de fundo, mesmo que proporcionem defesa, para condicionar um posicionamento recuado e abrir espaço a posteriores ataques curtos, é uma estratégia comum. A ideia é induzir a erro de leitura, fazendo o oponente esperar por algo que não vai acontecer. Uma espécie de blefe, como no pôquer.

O importante é ter em mente os princípios operacionais e fundamentais, fios condutores do processo ofensivo: aproximação entre a dupla; altura e direcionamento à zona de excelência (QAC) em todas as tarefas; e finalização em ponto a partir da identificação de pontos vulneráveis.

ANÁLISE E *SCOUT*

Como criador da metodologia de análise aplicada ao futevôlei, e autor do livro, permito-me escrever este capítulo em primeira pessoa do singular. Para desenvolvê-la, utilizei como base teórica a grande produção de conhecimento sobre JECs e a análise tática, minha principal área de atuação desde 2009.

Assim que iniciei a prática do futevôlei, em 2017, percebi a carência de informações sobre o jogo. E, para construir conceitos, seria necessário estabelecer um processo de coleta de dados, identificando os padrões relevantes da modalidade.

Nos JECs em geral, mais notadamente vôlei, basquete e futebol, a investigação ampliou-se da abordagem estritamente física inicial para os comportamentos observáveis na gestão do espaço e do tempo. E assim passaram a ser catalogadas as tarefas motoras, conforme tipos e frequências. Por isso a anotação dos dados sempre esteve presente, seja com papel e caneta, seja com a utilização de modernos equipamentos informáticos.

A análise do jogo é considerada um excelente subsídio para treinadores e, ainda mais no caso do futevôlei (cujas duplas muitas vezes não contam com orientação, treinam a si mesmas), para jogadores. Com ela, qualifica-se o que está certo e o que está errado, informações que servem à modelação (planejamento tático-estratégico), direcionando o treinamento para corrigir problemas, sincronizar interações, aprimorar virtudes, antecipar/prever situações, aproveitar oportunidades e prevenir-se de ameaças.

Franks e Hughes[64] mencionam estudos de Franks e Miller[65] nos quais se constatou que os treinadores de futebol memorizam no máximo 30% dos eventos relevantes, e não acertam mais do que 45% das respostas a perguntas sobre o que aconteceu no jogo. Por isso a análise, com a criação de um banco

---

[64] FRANKS, Ian; HUGHES, Mike (ed.). *The essencials of performance analysis*. An introduction. Reino Unido: Routledge, 2008.

[65] FRANKS, Ian; MILLER, Gary. Training coaches to observe and remember. *Journal of Sports Sciences*, Reino Unido, v. 9, p. 285-297, 1991 *apud* FRANKS; HUGHES, 2008, p. 3.

de dado, é uma fonte imparcial de informação, impedindo que as decisões sejam tomadas com base em emoções ou falsas impressões subjetivas.

Para evitar a contaminação das escolhas devido a sentimentos como frustração, raiva ou euforia, o *scout* demanda objetividade, delimitando o que realmente é importante saber. Essa lógica, obviamente, norteou a elaboração da metodologia para análise de futevôlei aqui exposta. Embora seja o tema central deste capítulo, o conhecimento proporcionado por ela está presente em todo o conteúdo do livro.

De início, a simples quantificação de gestos técnicos não se mostrou relevante para o futevôlei competitivo. A observação e a coleta, com o posterior tratamento dos dados, conduziram à construção de um *scout* voltado às tarefas.

São dois os motivos: diferenciar a parte do corpo que executa a ação dificulta a anotação manual simultânea à partida, pela grande quantidade de itens (pé direito, pé esquerdo, coxa direita, coxa esquerda, ombro direito, ombro esquerdo, peito e cabeça, somando oito possibilidades), e também não apresenta resultados relevantes.

O importante é qualificar os processos defensivo e ofensivo conforme as tarefas – recepção, defesa, levantada, ataque e saque – para identificar padrões de comportamento. As ocorrências técnicas são complementares à análise, e no futevôlei fica evidente que se tornam cada vez menos úteis à medida que o nível dos praticantes é maior.

No alto escalão profissional, a quantidade de erros não forçados é praticamente nula. Eventuais coletas de dados que diferenciem os gestos utilizados em cada tarefa devem se restringir a treinamentos para iniciantes, quando combinados com análise em vídeo da mecânica do movimento, para guiar correções posturais. Nesses casos, a periodicidade das medições em testes padronizados pode aferir se o aluno evoluiu, ou seja, se o treinamento deu resultado.

Segundo Garganta[66], a configuração das categorias e dos indicadores define os objetos de estudo e cria a matriz de referência, cuja interpretação virá do modelo teórico que a sustenta – o que já disse ao justificar a catalogação dos conceitos anterior à apresentação da metodologia de análise. Esse sistema deve, ainda, ser flexível para permitir alterações que sejam

---

[66] GARGANTA, Júlio. Futebol e Ciência. Ciência e Futebol. *Lecturas*: Educacíon Física y Deportes, Revista Digital, Argentina, a. 7, n. 40, 2001. Disponível em: http://www.efdeportes.com/efd40/fcienc.htm. Acesso em: 28 out. 2020.

impostas pela evolução do jogo e do entendimento sobre ele, exatamente o que ocorreu durante o desenvolvimento desse protocolo de *scout*.

Precisamos dialogar com o jogo, perguntando a ele o que aconteceu, quando aconteceu, como aconteceu, quem estava envolvido, em que local, e qual foi o resultado. O analista é um investigador, acima de tudo. O que se deseja é identificar comportamentos, as regularidades e as variações, e a medição dos processos defensivos e ofensivos é a mais indicada.

Após delimitar os quadrantes, medir o percentual de acerto de ataque foi o primeiro item considerado – e, a reboque, o percentual de erro de ataque –; com esses dados, consequentemente, também é possível avaliar a eficácia defensiva – os números ofensivos de uma dupla são os defensivos da outra, obviamente.

Nesse aspecto, o futevôlei impõe a construção de conceitos diferentes daqueles observados em modalidades como o futebol, em que existe maior objetividade na definição do que é certo ou errado. Não existe "meio-certo" em ações como chute a gol e passe, por exemplo. Ou o passe foi certo, ou errado. Ou o chute foi no gol, ou não.

Mas, no futevôlei, existe. Pois vejamos: o ataque certo resulta em ponto; o errado (na rede, para fora), em ponto cedido ao adversário; mas e o que permite defesa? Como categorizá-lo? Não está errado, afinal, manteve a bola em jogo; mas também não está certo, porque não finalizou com eficácia.

O mesmo acontece ao se avaliar uma recepção que força o companheiro a realizar uma consecutiva ação de conserto, por exemplo, direcionando a bola a um quadrante lateral, ou sem altura adequada. Embora não tenha atingido o cenário ideal, pelo menos o jogo seguiu, dando chance para que a ordem seja reestabelecida.

Para resolver esse dilema, passei a considerar uma terceira saída, chamada "razoável" nas tarefas de defesa e levantada. Em caso de ataque/saque, apenas sinalizando como "ataque defendido/saque recepcionado". Sao termos para definir as ações que, pelo viés do processo e da execução, não atingem a meta, mas proporcionam sequência ao lance.

Quanto ao resultado da tarefa, portanto, são três as possibilidades previstas nessa metodologia:

Certo: situação ideal. A tarefa atendeu ao direcionamento com altura à zona de excelência; em caso de ataque e saque, resultou em ponto direto;

Razoável: proporcionou sequência à jogada, mas com imprecisão na altura e/ou no direcionamento; em caso de ataque/saque, permitiu defesa/recepção;

Errado: não permitiu sequência à jogada; vale para ataques, saques e devoluções que ficam na rede, vão para fora ou sequer retornam à quadra oposta, assim como para qualquer tarefa não forçada que resulta em ponto cedido ao adversário.

A levantada foi excluída da medição pelo grande grau de subjetividade envolvida na sua avaliação, conforme descrito anteriormente. Embora o QAC seja a zona de excelência, características individuais e coletivas criam cenários alternativos adequados à realidade de uma dupla eventualmente avaliada.

Por exemplo, alguns atacantes preferem levantadas mais baixas, ou de ponta, e atingem bom desempenho ofensivo mesmo em circunstâncias fora do padrão idealizado. Na prática, essa relação específica não pode ser qualificada seguindo um determinismo.

Além disso, com a intensa dinâmica do jogo, o momento da levantada garante ao analista tempo para anotar a ação anterior, caso a coleta seja manual e simultânea ao jogo. O toque de construção somente gera informação relevante quando quebra a sequência ofensiva e resulta em ponto cedido ao adversário.

Assim nasceu um indicador relevante que integra o protocolo de *scout*: o erro não forçado. Toda tarefa realizada sob condições aceitáveis e que, por motivos quaisquer, encerra a circulação aérea da bola com ponto cedido, entra na quantificação de erros, seja na levantada, no saque, na recepção, na defesa ou no ataque.

O dado de pontos cedidos, em todas as tarefas, é confrontado com o total de pontos feitos, mesmo aqueles que não provêm de finalizações ideais. Por vezes, o ponto nasce do ataque, mas em outras vem do saque (ace), ou até mesmo de forma involuntária (um erro de levantada no qual a bola ultrapassa a rede e cai na quadra oposta, sem intenção). A partir da subtração entre o total de pontos feitos e cedidos pelo jogador, conhece-se o seu saldo, também relevante para a análise dos dados.

Outro indicador elaborado diz respeito à relação entre saque e recepção, batizado de volume ofensivo. Ele consiste na razão entre a quantidade de vezes em que um jogador ataca e o número de saques que ele recebe. Tanto para o saldo como para o volume ofensivo, quanto maior, melhor.

Após diversos testes, protótipos e ajustes, a planilha de *scout* para anotação manual foi consolidada a partir deste modelo (Figura 19):

Figura 19 – protocolo de coleta manual de itens de *scout* para futevôlei

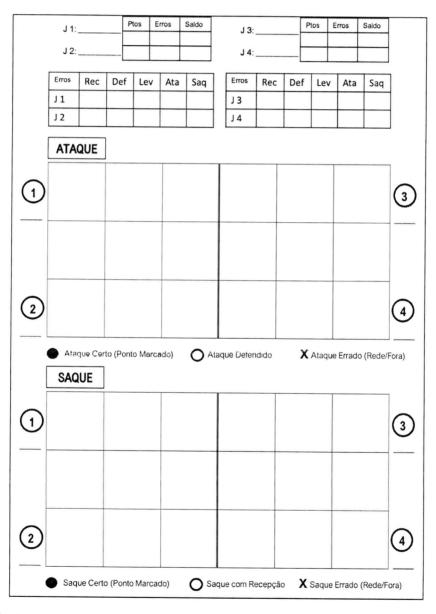

Fonte: o autor

Duas legendas guiam a medição: a identificação dos jogadores por números (de 1 a 4), o que agiliza a anotação e diminui a poluição visual; e o formato do registro para qualificar em certo (círculo preenchido), defendido/recepcionado (círculo vazado) ou errado ("X"). No alto da folha, há duas caixas, uma para registrar a relação entre pontos feitos, cedidos e o consequente saldo de cada atleta; logo abaixo, a anotação de erros não forçados segmentados por tarefa.

Feita a coleta, é hora de identificar os padrões resultantes das ações manualmente anotadas. Os mesmos princípios foram testados na elaboração de protocolos de *scout* em softwares de registro de eventos, difundidos em esportes coletivos – especialmente no futebol – como *Longomatch*, *Sportscode*, Métrica, entre outros. Os recursos tecnológicos, obviamente, ampliam as possibilidades para desenvolvimento de mais métricas a partir da coleta de maior quantidade de dados.

Esses softwares permitem ainda registrar a cronologia dos eventos. Alguns deles também medem distâncias e velocidades, tanto da bola como dos jogadores. No momento em que o futevôlei contar com mais recursos financeiros para investir em tecnologias de ponta, a análise de desempenho dará um grande salto nessa modalidade.

É possível desenvolver indicadores que calculem o tempo entre a levantada e o ataque, por exemplo, diferenciando estilos ofensivos (a construção dos ataques da dupla X têm média de 1,3 segundos, a dupla Y leva 0,89 segundos etc.), abrindo possibilidades para ingressar no mundo novo de Big Data, inteligência artificial, com indicadores mais complexos e altas capacidades de processamento e armazenamento de dados.

Por enquanto, tanto manualmente como em programas de computador, a anotação pós-jogo pelo vídeo da partida aumenta a precisão e também a viabilidade de expandir o espectro de itens. Para isso, é preciso que a captura das imagens seja feita de um nível elevado na relação com a quadra, ampliando a perspectiva em profundidade para a identificação dos quadrantes envolvidos em cada ação.

Entre 2018 e 2020, coletei dados com o uso dessa planilha de *scout* em 92 sets de jogos disputados em Porto Alegre, em etapas das competições Circuito Gaúcho de Futevôlei e Mikasa Open, presencialmente e de forma simultânea ao andamento dos jogos, e em dois sets de uma partida válida pelo torneio Team Águia Footvolley Cup (TAFC), por vídeo após o jogo realizado. No total, 145 jogadores tiveram as tarefas medidas.

Em grande parte desses confrontos, o resultado do trabalho foi oferecido à equipe Squadra Futevôlei, também com matriz na capital gaúcha, abastecendo seus atletas com informações sobre futuros adversários. Mas o foco principal sempre esteve no desenvolvimento da metodologia de análise, utilizando o serviço prestado a terceiros como forma de testar o protocolo de medição e os indicadores por mim elaborados.

Somando os presenciais e o por vídeo, a amostragem abrange 94 sets, levando-se em consideração que a grande maioria dos jogos teve formato de único set com até 18 pontos (ou vantagem mínima de dois pontos a partir do empate em 17 a 17).

Subdividindo, 75 sets foram da categoria intermediária, e os outros 19 do nível avançado/profissional. A escolha dos jogos analisados se deu pelo casamento de oportunidade (estar no local) e direcionamento da atenção para as duplas com maior potencial, sem seguir um recorte científico.

Os dados foram organizados em um banco de dados no software de planilhas Excel, com a catalogação e o processamento em sete indicadores considerados chave para a qualificação do desempenho individual no futevôlei:

- Acerto de ataque: percentual de pontos marcados em finalizações sobre o total de ataques do jogador;

- Erro de ataque: percentual de pontos cedidos em erros de finalizações sobre o total de ataques do jogador;

- Eficácia defensiva: percentual de defesas realizadas pela dupla sobre o total de ataques do adversário;

- Total de pontos feitos: soma de pontos marcados pelo jogador, provenientes de qualquer tarefa;

- Total de pontos cedidos: soma dos pontos cedidos em erros não forçados pelo jogador;

- Saldo de pontos: subtração do total de pontos feitos pelo total de pontos cedidos pelo jogador;

- Volume ofensivo: razão entre o total de saques recebidos e o total de ataques realizados pelo jogador.

Cabe aqui uma consideração importante sobre a eficácia defensiva: devido à intermitência das ações e à poluição visual das anotações na planilha, os dados de defesa referem-se à dupla, e não ao jogador. O *scout* simultâneo ao jogo, pelo menos este que desenvolvi, inviabiliza a diferenciação do autor da defesa, algo que pode ser contornado com os recursos tecnológicos e/ou com anotação pós-jogo por intermédio do vídeo.

Outra ressalva é sobre a consolidação de um modelo de coleta, necessário à comparação entre os desempenhos. Se a cada jogo a planilha de *scout* sofre alterações, adicionando ou excluindo itens, os dados desse jogo não poderão ser cruzados. Por isso, descartei informações de dezenas de jogos anteriores à definição desse *scout* quando constatei a incompatibilidade entre protocolos iniciais e o final, aqui exposto.

A análise comparativa da tarefa ataque entre as categorias avançado/profissional e intermediário apresenta diversas informações relevantes. Vale destacar que são considerados para anotação ataques em cenários no mínimo razoáveis – levantada alta nos quadrantes QAC, QAD ou QAE, permitindo a finalização sem grande constrangimento.

Devoluções de graça, ou provenientes das linhas média e baixa, não geram informação sobre o ataque – mesmo que resultem em ponto para a dupla ou para os adversário. Nessas situações, os dados entram, respectivamente, nos indicadores de total de pontos feitos ou total de pontos cedidos.

Quanto à frequência, no nível alto, cada jogador realizou 12,36 ataques por set, contra 10,66 no nível intermediário. É possível concluir que, quanto mais elevada a qualidade, melhores os processos ofensivos, o que resulta em maior ocorrência de condições ideais para finalizar.

Quanto à eficácia, a diferenciação de níveis se mantém: enquanto os jogadores avançados alcançaram 39,9% de acerto, os intermediários converteram apenas 34,9% dos ataques em ponto. No alto nível, os jogadores atacam mais, e melhor.

Quanto ao direcionamento das finalizações, os avançados atacaram 42,59% na linha alta (curtos) e 35,46% na linha baixa (longos). Houve predileção pelo pingo de meio, com 154 ocorrências, contra 125 pingos para trás e 121 diagonais curtas.

No fundo da quadra, o direcionamento foi ainda mais equalizado: 116 no meio-fundo, 109 na diagonal e 108 na paralela. Os outros 21,93% dos ataques foram na linha média.

No intermediário, a prevalência também foi de ataques curtos, com 40,60%, contra 34,63% de ataques longos e 24,75% na linha média – região na qual incide boa parte dos ataques mal direcionados nessa categoria, por isso o percentual maior na comparação com os avançados.

Na linha alta, foram 520 pingos de meio, 395 pingos para trás e 384 diagonais curtas, mantendo a preferência registrada entre os avançados; mas na linha baixa o direcionamento prioritário se alterou: foram 431 paralelas, 350 no meio-fundo e 327 *lobbys* (diagonal), reiterando o que foi dito no capítulo sobre tática e estratégia (o ataque em paralela tem execução mais simples, o que justifica sua maior incidência entre os atletas do escalão médio).

Quanto à eficácia nas zonas de ataque, os números dos avançados reforçam a versatilidade que caracteriza a técnica elevada, com percentuais de acerto aproximados em todos os direcionamentos: o que mais converteu pontos foi também o mais frequente – o pingo de meio, com 44,81%, seguido da paralela (44,44%), pingo para trás (43,20%), diagonal curta (42,15%) e *lobby* (41,28%); o percentual de acerto caiu apenas no meio-fundo, com 39,66%.

Entre os intermediários, o ataque mais eficaz foi a paralela, com 43,62%, seguido de diagonal curta (40,89%) e diagonal longa/*lobby* (40,37%); apesar de também ser o mais frequente, o pingo de meio tem o menor aproveitamento entre os seis quadrantes mapeados, com apenas 35,19%, abaixo dos 39,71% do meio-fundo e dos 35,70% do pingo para trás.

Para facilitar a compreensão e a análise comparativa, os dados de frequência e eficácia ofensiva foram organizados em dois quadros, a seguir (Quadros 2 e 3):

Quatro 2 – percentuais de frequência e acerto por zonas de ataque no nível avançado

TIPO DE ATAQUE	FREQUÊNCIA	% DE ACERTO
Pingo de Meio	16,40%	44,81%
Diagonal Curta	12,88%	42,15%
Pingo para trás	13,31%	43,20%
Meio-Fundo	12,35%	39,66%
Diagonal longa (*lobby*)	11,60%	41,28%
Paralela	11,50%	44,44%
Na linha média	21,93%	29,61%

Fonte: o autor

Quadro 3 – percentuais de frequência e acerto por zonas de ataque no nível intermediário

TIPO DE ATAQUE	FREQUÊNCIA	% DE ACERTO
Pingo de Meio	16,25%	35,19%
Diagonal Curta	12,00%	40,89%
Pingo para trás	12,34%	35,70%
Meio-Fundo	10,94%	39,71%
Diagonal longa (*lobby*)	10,22%	40,37%
Paralela	13,47%	43,62%
Na linha média	24,75%	22,47%

Fonte: o autor

O que mais chama atenção é o contraste entre grande frequência e baixa eficácia do pingo de meio no nível intermediário, o que também se verificou no pingo para trás. São dois ataques que exigem maior habilidade para conciliar movimento de pescoço e tempo de bola, e para esconder a real intenção, o que pode justificar o mau desempenho. Esse argumento se fortalece ao percebermos que no nível avançado os percentuais de acerto nos pingos de meio e para trás são muito mais altos.

Voltando ao intermediário, o ataque mais perigoso – pela quantidade e pelo acerto – foi a paralela, devido à maior naturalidade para se executar o gesto e aplicar potência (caminho mais curto entre atacante e a linha baixa adversária, orientação corporal facilitada por estar logo à frente do corredor de partida, entre outros fatores que já foram expostos). Embora não seja tão utilizado, na categoria avançada a paralela também apresentou grande eficácia.

Com relação ao baixo índice de acertos dos avançados nos ataques de meio-fundo, acredito que a explicação esteja no planejamento tático-estratégico defensivo. Com a marcação costumeiramente em "I", o defensor que prioriza a linha baixa centraliza o posicionamento, e assim acaba sendo alvo desses direcionamentos, interceptando os ataques de meio-fundo.

No entanto, o argumento perde força quando confrontado com os acertos elevados nas tentativas de pingos de meio, afinal, na marcação horizontal o defensor que prioriza a linha alta também centraliza, e deveria defender com maior facilidade o QAC. Nesse caso, a grande perícia do atacante em fazer a bola cair com velocidade e rente à rede pode ser o diferencial.

Quanto aos erros de ataque, os números confirmam o que pode se imaginar pela divisão técnica das categorias: no nível avançado, apenas 9,37% dos ataques terminam em erro com ponto cedido ao adversário, enquanto no intermediário o percentual de erros sobe para 12,5% (Quadro 4):

Quadro 4 – comparativo de indicadores entre níveis avançado e intermediário

INDICADOR	AVANÇADO	INTERMEDIÁRIO
Ataques por set/jogador	12,36	10,66
Acerto de ataque/jogador	39,9%	34,9%
Erro de ataque/jogador	9,37%	12,5%
Defesa/dupla	49,86%	52,1%

Fonte: o autor

Nesse quadro, também é possível avaliar o indicador de defesa. Ele tem relação inversamente proporcional ao acerto de ataque. Logo, se na categoria avançada os atacantes convertem mais pontos, o percentual de defesas é inferior. Do contrário, se no intermediário os ataques são menos perigosos, logo o aproveitamento das defesas aumenta.

Para o planejamento tático-estratégico, revelam-se dois pontos essenciais à melhora do desempenho, baseados na análise dos dados coletados. No nível competitivo alto, a dupla que aperfeiçoar os processos defensivos terá maior chance de êxito; já no nível médio, o relevante é aumentar a eficácia ofensiva – não apenas pontuando mais, mas também reduzindo os erros de ataque – para se diferenciar dos demais competidores.

O saldo, que subtrai todos os pontos marcados (mesmo que sem intenção) e todos os pontos cedidos em erros não forçados, é o indicador que mais revela a distância de qualidade geral entre as categorias analisadas.

Entre os 75 sets com dados coletados, os jogadores intermediários marcaram em média 4,56 pontos, e cederam 4,02. Com isso, o saldo dessa categoria é de apenas 0,75 por jogador/a cada set, quando o ideal é partir de 1 positivo. A observação indica que esses erros têm grande incidência em levantadas que impedem o ataque – direcionam a bola demasiadamente à fita, ou forçam o atacante a cometer falta tocando na rede.

Já entre os 19 sets de confrontos entre atletas avançados, a média de pontos marcados foi de 5,43, contra apenas 3,50 cedidos. Dessa forma, o saldo da categoria foi de 2,04 individualmente, bem superior.

Esse indicador reitera como o controle de erros pode impactar significativamente nas disputas consideradas intermediárias. Nota-se que, enquanto no ambiente profissional a importância tática se sobressai, exigindo melhores processos defensivos, no nível médio ainda é preciso purificar as execuções técnicas e as habilidades motoras.

O último indicador entre os sete listados nessa metodologia de análise é o que se revelou menos influente: o volume ofensivo. Ele foi concebido para avaliar a qualidade da recepção, mas a dinâmica de contra-ataques e recursos, como o ataque de segunda, contaminam a percepção.

O cálculo é simples: dividir o total de ataques pelo total de saques recebidos. Com isso, a performance de referência também parte de 1 positivo – ou seja, se o atleta receber 10 saques, idealmente ele tem de atacar no mínimo 10 vezes, caso contrário, algo terá falhado no processo.

Entre os avançados, o volume ofensivo foi de 2,65, e nos intermediários 2,70, revelando que entre competidores – mesmo com a gradação em níveis técnicos – a recepção não é um fator determinante para o processo de construção e de finalização. Em geral, todos lidam bem com saque recebido.

O banco formado pelos dados coletados nesses 94 sets competitivos proporciona ainda a geração de mapas de calor para ilustrar a frequência dos diferentes pontos de ataque e o aproveitamento alcançado em cada. Esses gráficos auxiliam as duplas a analisar seus próprios pontos fracos e fortes, assim como a identificar padrões de comportamento dos próximos adversários, diagnosticando oportunidades e ameaças possíveis.

No exemplo a seguir, consta o mapa de calor de um atleta do nível intermediário, lado direito, com a maior amostragem de dados coletados – 10 sets/jogos até 18 pontos (Figura 20):

FUTEVÔLEI: COMPREENDER PARA JOGAR (MELHOR)

Figura 20 – mapa de calor, atacante nível intermediário, lado preferencial direito, dados acumulados de 10 sets

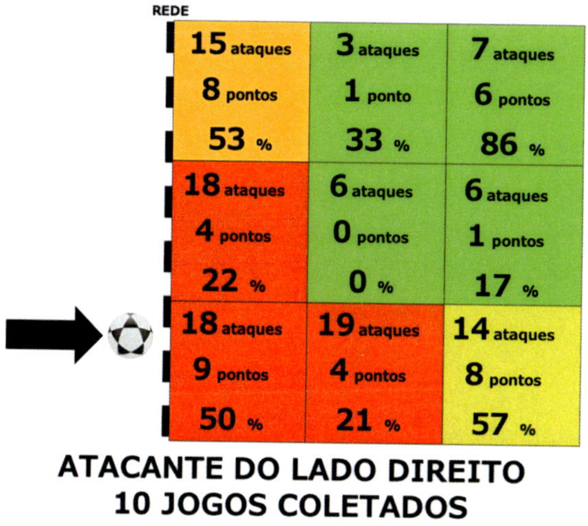

REDE

15 ataques	**3** ataques	**7** ataques
8 pontos	**1** ponto	**6** pontos
53 %	**33** %	**86** %
18 ataques	**6** ataques	**6** ataques
4 pontos	**0** pontos	**1** pontos
22 %	**0** %	**17** %
18 ataques	**19** ataques	**14** ataques
9 pontos	**4** pontos	**8** pontos
50 %	**21** %	**57** %

ATACANTE DO LADO DIREITO
10 JOGOS COLETADOS

Fonte: o autor

Cada quadrante apresenta no alto o total de ataques direcionados àquele local, na segunda linha os pontos marcados, e na terceira o percentual de acertos resultante. A escala de cores semafórica atende ao princípio do mapa de calor, referindo-se aos totais de ataque: quanto maior a quantidade naquela zona, mais forte é o vermelho (quente); quanto menor, mais passa do laranja ao amarelo, chegando ao verde.

O primeiro padrão que se destaca é a baixa variação de repertório no exemplo da figura 20. Pode-se dizer que ele, partindo do lado direito, atacou em forma de "L" na quadra adversária – explorou as zonas da linha alta e do corredor paralelo ao seu, enquanto praticamente não direcionou finalizações de meio-fundo e em diagonal nas linhas média e baixa.

O pingo de meio teve a maior incidência, seguido pelo pingo para trás e as demais paralelas (média e longa); mas o aproveitamento foi baixo no QAC (apenas quatro pontos em 18 tentativas, 22%) e no QME (quatro de 19, 21%); entre os ataques mais frequentes, os melhores aproveitamentos estão na paralela (57%) e na diagonal curta (53%). A diagonal longa foi pouco utilizada, mas extremamente eficaz – seis pontos em sete ataques realizados.

Nesse caso, sob a perspectiva do jogador, a análise de desempenho pode ajudar na orientação do treinamento a dois fatores: aumentar a eficácia dos ataques frequentes nos quais o aproveitamento é baixo; e ampliar a variação de repertório, equilibrando a distribuição para não se tornar previsível.

Sob a perspectiva de um futuro adversário, esses dados podem ajudar a traçar um plano defensivo. Sendo ele direita e atacando prioritariamente na linha alta e no corredor paralelo, a dupla que o enfrentar pode adiantar o jogador da direita para proteger a linha alta, e manter o da esquerda à espera dos ataques mais profundos, deixando "aberta" a diagonal longa.

Outra possibilidade para mapeamento gráfico é a eficácia defensiva. Como já disse, esses dados – em função da dinâmica intermitente e intensa – foram coletados com atribuição coletiva. A dupla, e não o jogador, é avaliada.

No exemplo a seguir, estão os dados coletados em seis jogos/sets disputados por uma dupla de nível intermediário, apresentando a relação total de ataques/pontos sofridos em cada quadrante.

Para facilitar a compreensão do que é mais importante – saber onde o processo defensivo funcionou pior –, no mapa defensivo, a escala de cores semafórica agora se refere aos pontos sofridos. Quanto mais a dupla foi vazada naquela zona, mais vermelho é o quadrante (Figura 21):

Figura 21 – mapa com ênfase na interpretação de padrões defensivos

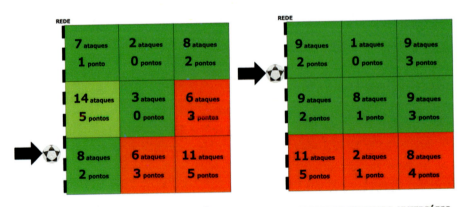

Fonte: o autor

Com o cruzamento das informações expostas nos mapas dos ataques sofridos de ambos os lados, fica fácil identificar um padrão: o ponto vulnerável na defesa dessa dupla esteve no corredor esquerdo.

Quando o atacante adversário foi o esquerda, a menor eficácia defensiva foi registrada na defesa da diagonal curta (cinco pontos sofridos em 11 tentativas) e na diagonal longa (quatro em oito); e, quando foi o direita, o problema esteve nas paralelas (oito pontos em 17, somando as ocorridas nas linhas média e as longas) e no meio-fundo (três em seis).

Com base nesses dados, a dupla pode direcionar o treinamento para aprimorar os processos defensivos às costas do jogador da esquerda. Talvez, a correção demande um ajuste de posicionamento, ou de orientação corporal, ou de velocidade de reação.

Deve-se analisar os porquês para encontrar as soluções. Já uma eventual dupla adversária com esses dados à mão poderia elaborar um plano ofensivo que concentrasse ataques nesses pontos, explorando a fraqueza exposta para vencer.

É importante ter em mente que a análise precisa estar a serviço do treinamento e do jogo, fechando um ciclo que se retroalimenta para impactar em aumento de performance. Saber o que se quer, e saber como utilizar.

Os sete indicadores descritos foram agrupados, ainda, em uma equação que atribui notas de desempenho aos jogadores. Com os itens de *scout* coletados, e tendo percentuais de eficácia como parâmetros, criei uma equação no modelo scorecard, que resume os dados do jogador em uma nota de 0 a 100.

Entre os avançados, a nota média no indicador-chave de performance, ou *Key Performance Indicator* (KPI, em inglês), foi de 55,83 pontos; no nível intermediário, o KPI geral ficou em 49,02.

Considerando-se aqueles com pelo menos dois sets observados, a maior nota dos avançados chegou a 88, seguida de 86, 80, 78 e 76; os dois piores desempenhos, entre 19 jogadores, somaram, respectivamente, 38 e 30 pontos.

Já entre os intermediários, a maior nota a partir de dois sets/jogos acumulados foi 85, muito superior aos demais da categoria: o segundo colocado somou 75; na base da lista, há jogadores com 19, 18 e 12 pontos.

Os nuances de uma categoria para a outra servem para validar a métrica. Eventual anomalia (atletas intermediários acima dos melhores do nível acima, ou avançados com pontuações irrisórias, por exemplo) implicaria revisão dos cálculos.

Os indicadores que fundamentam o KPI, quando desdobrados, também ajudam a comparar características, com o uso do gráfico radar, por exemplo. A seguir, estão sobrepostas informações de dois atletas do mais alto nível no futevôlei gaúcho – um com indicador-chave médio de 80, o outro 76, ambos com histórico de títulos e presença constante em pódios (Figura 22):

Figura 22 – gráfico radar comparativo com indicadores de performance de jogadores do nível avançado

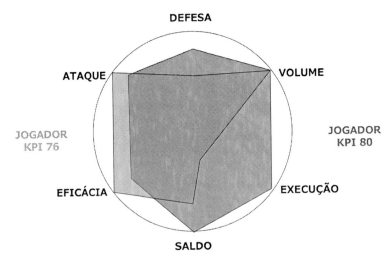

Fonte: o autor

Nesse gráfico, execução se refere aos pontos cedidos, e eficácia aos marcados; os demais indicadores preservam os nomes já apresentados em suas descrições. A comparação reforça a importância dos processos defensivos no alto nível.

Enquanto o atleta de nota 76 tem melhores desempenhos em ataque e em aproveitamento de pontos, o de 80 defende melhor e ainda por cima é praticamente perfeito na execução das tarefas (cede poucos pontos), o que impacta positivamente no saldo. Ou seja, a qualidade defensiva teve maior influência no desempenho.

No gráfico a seguir, comparando jogadores de nível intermediário, aquele com KPI 67 se sobressai principalmente em eficácia (marca muitos pontos, o que impacta no saldo), embora também tenha melhor desempenho em defesa. Já o atleta com nota 60 é melhor em execução, praticamente não comete erros não forçados (Figura 23):

Figura 23 – gráfico radar comparativo com indicadores de performance de jogadores do nível intermediário

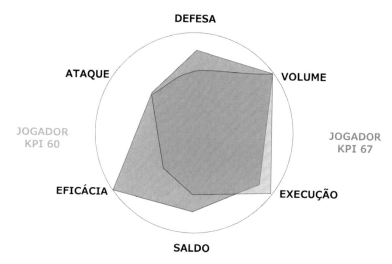

Fonte: o autor

Os indicadores, mapas e gráficos podem ser organizados em relatórios de desempenho, dissecando comportamentos e servindo de importante ferramenta para correções e aprimoramentos (quando se faz a autoanálise) ou para elaboração de estratégias (quando se estudam os padrões de comportamentos adversários).

Processados os dados, geradas as imagens e calculadas as métricas, o mais comum em esportes coletivos é produzir documentos em pdf a partir de softwares como Power Point (sistema operacional Windows) ou Keynote (macOS). Recomenda-se linguagem direta, objetividade e economia espaço, enfatizando pontos determinantes diagnosticados, com layout que facilite a compreensão pelo atleta ou comissão técnica, qualquer que seja o alvo da informação.

Caso sejam feitas filmagens para posterior edição de vídeos analíticos, os relatórios servem ainda de guia para a escolha dos lances que mais bem representem os comportamentos identificados. Os dois conteúdos – relatório e vídeo – complementam-se para orientar os processos de treinamento e, consequentemente, a modelação tático-estratégica.

Outra boa fonte de visualização é a criação de painéis de indicadores, em softwares como o próprio Excel, prática muito comum no meio empresarial (Figura 24):

Figura 24 – painel de indicadores com dados coletados em jogos do nível intermediário

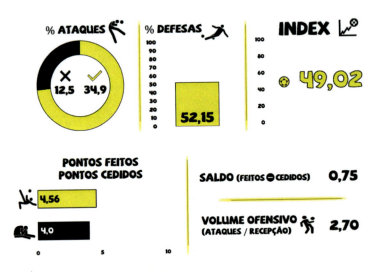

Fonte: o autor

Com uma central de comando ao lado (omitida na figura anterior), os dados armazenados podem ser filtrados pelo nome do jogador, pela competição, pelo resultado, pelo lado de preferência ou pelo nível. A imagem apresenta as médias dos atletas intermediários, já expostas por escrito e em tabelas anteriormente.

18

BOLA PARA A FRENTE

Não é tarefa simples catalogar comportamentos e competências relativos a um esporte extremamente popular e lúdico, muitas vezes praticado apenas como atividade física e de lazer. É comum haver resistência à teorização, como ainda acontece até mesmo no futebol, modalidade altamente profissional e propulsora de grande movimentação financeira.

Não será surpresa se alguém disser: "futevôlei não tem nada disso, é só jogar a bola para o alto na areia e o resto se resolve na hora". No entanto, a experiência comprova que o estudo sobre o jogo fornece subsídios para a melhora na performance, principalmente no alto nível.

Partindo praticamente do marco zero, cada capítulo deste livro se baseia em pelo menos uma referência teórica validada em outros JECs, em especial o vôlei, além do próprio futebol. O estudo do jogo passa pela compreensão de sua estrutura, sua dinâmica funcional, seus princípios e das competências relativas aos jogadores. Assim, consegue-se construir uma metodologia de análise coerente.

Além dos livros, artigos e pesquisas utilizados como parâmetros, os dados coletados a partir desse protocolo de medição proporcionaram a criação de um banco capaz de oferecer informações relevantes ao planejamento tático-estratégico e ao aprimoramento dos praticantes em todas as dimensões.

Como gerir o tempo e o espaço sob dinâmica intermitente e intensa, atendendo às regras e sofrendo constrangimentos provocados pela cooperação, pela oposição e pelo ambiente, com grandes exigências físicas, cognitivas e psicológicas, para tomar as melhores decisões e conseguir executá-las de maneira ideal? Algumas respostas a essas perguntas estão distribuídas pelos capítulos anteriores.

A partir daí, quantas outras perguntas e respostas podem surgir? A iminência de o recurso tecnológico cada vez mais se difundir na modalidade abre uma promissora perspectiva de aprofundar ainda mais o estudo e a investigação dos comportamentos.

Ao mapear distâncias, velocidades e alturas, quantos indicadores mais serão possíveis? O espectro a se alcançar é infinito.

Nesta primeira proposta, é possível concluir que a medição precisa ampliar a abordagem qualitativa quando o foco estiver no alto escalão profissional. O atual protocolo de *scout* atende principalmente ao nível intermediário, no qual se percebe maior impacto desses indicadores.

O próximo passo é desenvolver novos protocolos, direcionados às tomadas de decisão em momentos críticos das partidas competitivas de excelência, com o auxílio de recursos tecnológicos e a disseminação do estudo sobre a modalidade.

REFERÊNCIAS

ARRUDA, Miguel de; HESPANHOL, Jefferson Eduardo. *Fisiologia do Voleibol.* Brasil: Phorte, 2008.

BOMPA, Tudor Olympus. *A periodização no treinamento esportivo.* Tradução da edição americana. Brasil: Manole, 2001.

FIUZA, Tatiana de Sousa; SILVA, Carini Silva da; STRINI, Paulinne Junqueira Silva Andresen; STRINI, Polyanne Junqueira Silva Andresen. Análise morfofuncional dos movimentos executados no futevôlei. *Revista Extendere*, Universidade do Estado do Rio Grande do Norte, Brasil, v. 5, p. 37-47, 2017.

FRANKS, Ian; HUGHES, Mike (ed.). *The essencials of performance analysis.* An introduction. Reino Unido: Routledge, 2008.

FRANKS, Ian; MILLER, Gary. Training coaches to observe and remember. *Journal of Sports Sciences*, Reino Unido, v. 9, p. 285-297, 1991.

FUTEVÔLEI.COM.BR (Brasil). *História do Futevôlei.* Rio de Janeiro, 2002. Disponível em: http://futevolei.com.br/Historia.html. Acesso em: 20 out. 2020.

GARGANTA, Júlio. *Modelação táctica do jogo de futebol.* Estudo da organização da fase ofensiva em equipes de alto rendimento. 1997. Tese (Doutorado em Ciências do Desporto) – Faculdade de Ciências do Desporto e de Educação Física da Universidade do Porto, Portugal, 1997.

GARGANTA, Júlio. A formação estratégico-táctica nos jogos desportivos de oposição e cooperação. *In*: GAYA, A.; MARQUES, A.; TANI, G. (org.). *Desporto para Crianças e Jovens.* Razões e finalidades. Porto Alegre: UFRGS Editora. Universidade Federal do Rio Grande do Sul, 2004. p. 217-233.

GARGANTA, Júlio. O treino da táctica e da técnica nos jogos desportivos à luz do compromisso cognição-acção. *In*: BARBANTI, V.; AMADIO, A.; BENTO, J.; MARQUES, A. (ed.). *Esporte e Actividade Física.* Interacção entre rendimento e saúde. São Paulo: Manole, 2002. p. 281-306.

GARGANTA, Júlio. Futebol e Ciência. Ciência e Futebol. *Lecturas*: Educacíon Física y Deportes, Revista Digital, Argentina, a. 7, n. 40, 2001. Disponível em: http://www.efdeportes.com/efd40/fcienc.htm. Acesso em: 28 out. 2020.

HEBERT, Mike. *Thinking Volleyball*. Inside the game with a coaching legend. Estados Unidos: Human Kinetics, 2013.

MAGILL, Richard A. *Aprendizagem Motora*: Conceitos e Aplicações. Tradução da 5ª edição americana. Brasil: Bluncher, 2000.

MARQUES JÚNIOR, Nelson Kautzner. Um modelo de jogo para o voleibol na areia. *Revista da Faculdade de Educação Física da Universidade Estadual de Campinas*, Brasil, v. 6, n. 3, p. 11-24, 2008.

MESQUITA, Isabel Maria Ribeiro. *A instrução e a estruturação das tarefas no treino de Voleibol*. Estudo experimental no escalão de iniciados feminino. Tese (Doutorado em Ciências do Desporto) – Faculdade de Ciências do Desporto e de Educação Física da Universidade do Porto, Portugal, 1998.

MORAES, José Cícero. *Determinantes da dinâmica funcional do jogo de Voleibol*. Estudo aplicado em seleções adultas masculinas. 2009. Tese (Doutorado em Ciências do Desporto) – Faculdade de Ciências do Desporto e de Educação Física da Universidade do Porto, Portugal, 2009.

MUÑOZ, Miguel Ángel Monge. *Construcción de un sistema observacional para el análisis de la acción de juego en voleibol*. Espanha: Universidade da Coruña, Servizo de Publicacións, 2007.

POWELL, Joan. Diggin. *In*: LENBERG, Kinda S. (ed.). *Volleyball Skills & Drills*. American Volleyball Coaches Association. Estados Unidos: Human Kinetics, 2006.

RINK, Judith E.; FRENCH, Karen E.; TJEERDSMA, Bonnie L. Foundations for the learning and instruction of sport and games. *Journal of Teaching in Physical Education*, Estados Unidos, v. 15, p. 399-417, 1996.

SCAGLIA, Alcides José. Pedagogia do Jogo: O processo organizacional dos Jogos Esportivos Coletivos enquanto modelo metodológico para o ensino. *Revista Portuguesa de Ciências do Desporto*, Portugal, v. S1A, p. 27-38, 2017.

SCAGLIA, Alcides José. *O futebol e os jogos/brincadeiras de bola com os pés*: todos semelhantes, todos diferentes. 2003. Tese (Doutorado em Educação Física) – Universidade Estadual de Campinas, 2003.

SCHMIDT, Richard A.; WRISBERG, Craig. *Motor Learning and Performance*: A Situation-Based Learning Approach. Estados Unidos: Human Kinetics, 2007.

STEFANELLO, Joice Mara Facco. Competências psicológicas no Vôlei de Praia de alto rendimento: síntese e recomendações para treinamento. Motriz. *Revista de Educação Física*, Rio Claro, v. 15, n. 4, p. 996-1008, 2009.

TEOLDO, I. *et al. Para um futebol jogado com ideias*: concepção, treinamento e avaliação do desempenho tático de jogadores e equipes. Curitiba, PR: Appris, 2015.

VILLEROY, Leonel; NUNES, Natália; GRAZIOLI, Rafael; INÁCIO, Martinho. Brazilian Footvolley: A Displacement Screening Study of a Professional National Match. *International Journal of Sports Science*, Estados Unidos, v. 8 (2), p. 63-66, 2018.

WIKIPÉDIA (Brasil). *Análise S.W.O.T.* Brasil, 2006. Disponível em: https://pt.wikipedia.org/wiki/An%C3%A1lise_SWOT. Acesso em: 27 out. 2020.

WIKIPÉDIA (Portugal). *Futevôlei*. Portugal, 2006. Disponível em: https://pt.wikipedia.org/wiki/Futev%C3%B4lei. Acesso em: 20 out. 2020.